石戸 諭
Ishido Satoru

視《み》えない線を歩く

講談社

目次

視《み》えない線を歩く

ギャツビーは緑の灯火を信じていた。年を追うごとに我々の前からどんどん遠のいていく、陶酔に満ちた未来を。それはあのとき我々の手からすり抜けていった。でもまだ大丈夫。明日はもっと速く走ろう。両腕をもっと先まで差し出そう。……そうすればある晴れた朝に――

だからこそ我々は、前へ前へと進み続けるのだ。流れに立ち向かうボートのように、絶え間なく過去へと押し戻されながらも。

――『グレート・ギャツビー』スコット・フィッツジェラルド、村上春樹訳

（中央公論新社、２００６年）より

第1章　先取りされた「緊急事態」の記録

1

2011年3月11日からの出来事は、「未来」を先取りしていたのではないかと感じることがある。「未来」というのは、例えば、2020年から始まった新型コロナ禍である。同年3月、今では第一波と呼ばれる最初の大型流行で、日本は初めて全国的に「緊急事態」に突入したことになっている。だが私には既視感があった。以降も繰り返された大きな波をめぐって、科学的知見と政治の判断は幾度となくぶつかり、そして社会の受け止め方は振り子のようにスイングしていた。普通の日々では何の問題もなかった価値観のずれが、致命的な亀裂へとなっていく。こうした状況下で、軽んじられる言葉の一つは「理解」だ。

アメリカでもすでに先取りされた「未来」と呼べる現象があった。2016年のアメリカの大統領選後である。アメリカのリベラル系メディアはなぜ自分たちの予測が見事なまでに外れ、ドナルド・トランプが大統領に当選したのかを仔細に分析していた。そこで盛んに交わされた――そして、今もなお議論の中心にある――言葉は「分断」だった。反エリート、反既得権益を掲げるポピュリストがなぜ支持されるのか。リベラルエリートたちには最後まで理解できなかった。なぜ、トランプがソーシャルメディアでばらまく「フェイク」が、自分たちの検証した「事実」よりも選挙民に突き刺さるのか。なぜあそこまでの暴言が人々の心に突き刺さるのか。繰り返し語られる分断という言葉を聞いて、私が真っ先に想起したのは２０１１年の出来事だった。

異常な出来事も続けば、日常になっていく。

２０１１年当時、毎日新聞の記者で岡山支局から被災地取材に派遣されていた私は、理解しがたい現実にぶつかっていた。一例をあげよう。いくつものファクトが指し示すのは、あれだけの原発事故に見舞われたにもかかわらず、福島県で生産される農作物は忌諱《きき》されるようなものではなかった。放射性物質の検査は極めて厳格に機能しており、市場に流通したものを食べ続けても、他地域産のものを食べるのと安全面ではなんら差がない。

だが、震災直後には福島県で農業を続けるのは人殺しと同じだという言葉がツイッター上で飛び交っていて、それなりの支持を集めていた。私が見る限り、多くの場合、それらは原発問題や時の政権の政治的なスタンスをどう評価するかという問題と重なっていた。そんな中、私はといえば、福島の生産者のもとを訪ね、「緊急事態」から日常を取り戻そうとする彼らの営みを追う記事を書いていた。

2012年の夏、私は福島・郡山《こおりやま》駅からJR磐越西線《ばんえつさいせん》に乗り込み、安子ヶ島《あこがしま》という小さな駅に向かっていた。当時、33歳だった若い農家を訪ねたのだ。福島に残り農業の再建を目指すという彼は、江戸時代から続く農家の8代目であり、失った日常を自分たちで取り戻すと決めていた。現場で生きる人間は、言葉よりも先に具体的な行動で示す。彼の畑は、駅を降りてから2分も歩けばすぐにわかった。見渡す限りの山々を背景に、よく手入れされた青々とした稲が広がる田園風景が目の前に現れたからだ。この風景に、原発事故後の福島に生きる彼の覚悟が詰まっていた。

この土地に生まれた彼は、幼い頃から「いつかは農業をやる」と思って育ってきた。地元の高校を卒業後、東京都内の大学に進学し、一通りの社会経験を積もうとIT企業に就職したが、家業を継ぐため退職した。都会暮らしに見切りをつけ、農業を始めたのは2007年のことだった。農業にも一応のマニュアルがある。「それに従えば簡単にできるだろう」と試しにキャベツを植えてみた。しかし、8月上旬に植えたものは9月下旬には全滅し、出荷することすらできず、すべての労力は報われないまま赤字になった。天候に合わせて肥料などをこまめに調整しなかったのが原因である。

そんな時に起きたのが前年3月11日の東日本大震災、レベル7の原発事故だった。一家は翌日、東京都内にある妻の実家まで避難したが、彼だけは田畑の状況を確かめるため、3月下旬に一人で郡山市に戻った。情報発信の一環で始めたツイッターには「作付けする福島の農家は人殺し」「福島は終わった」といった中傷めいた言葉が並んでいた。

だが、周辺にいた若手農家は彼も含めて再出発を決めた。震災からわずかひと月後のことである。４月12、13日、彼の仲間の家に、地域のブランド野菜を開発してきた約10人が集まった。最初は暗い会議になると思ったが、そのうちの一人が切り出したのは「今年のブランド野菜をどうするか」ということだ。

その一言で空気は変わった。困難な状況でも、諦めずに事業の継続を目指したのだった。彼らはチェルノブイリで救援活動に携わったグループや土壌の専門家らを招いては勉強会を開き、最初に知識を吸収した。そして田畑に降り注いだ放射性物質が作物にどの程度影響を及ぼすかについて、仮説を立てて、検証するという過程を繰り返したのだ。

議論しても、いつも結論は「実際に作ってみないと分からない」だったが、だったら作ってみればいいと彼らは手を動かすことを選んだ。より精密な検査をしても「不検出」が続いた。彼らは動くことで、現実を知ることになった。米ぬか、そして精米した米、ニンジンなどは不検出だったが、他方で、水がたまりやすい場所の土壌から１キロあたり約３万５００0ベクレル、畑にあった古いビニールからは同２万９５００ベクレルと放射性セシウムが検出されていた。これは何を意味するのか、と彼らは考えた。

放射性物質にはたまりやすい場所と、そうではないところがある。すべてが均等にリスクがあるわけではない。たまりやすい場所が分かったのだから、汚染箇所と原因を取り除けばよい。なによりプラスに働いたのは、作物そのものは汚染場所さえきれいにしてしまえば、他の産地となんら変わらないということだった。生活を取り戻す最初の一歩だった。検査によって消費者への説明ができるデータを手に入れた。しかし、「安全だ」と声高に言うのではなく、姿勢を見せながら手にとってもらえるための第一歩を……。

私が当時書いた、こうした記事は、科学的なエビデンスを重視する人々がシェアしてはくれたが、それとは真逆の信念、つまり「福島産は危ない、不安が残る」を持った人たちにはほとんど届かず、彼らは彼らで私のタイムラインでは支持されない情報を回していた。

そこにあったのはまさに分断だ。

私とは真逆の信念を持つ人々が発信源の一つにしていたのが、後に2019年参院選で「れいわ新選組」を率い、左派ポピュリズム旋風を巻き起こした山本太郎だったことも象徴的である。2011年の震災以降は極端な反原発運動家になっていた山本が、初当選を果たしたのは13年の参院選だ。当時の彼は、福島を取材していた私から見ると、時におよそ根拠が不確かな福島危険論を展開する運動家でもあった。むしろ積極的に社会を煽動しているように思えた。そこにはポピュリズムの時代の予兆もあった。

2019年の参院選も終わり、残暑の厳しい日、私は山本を取材した。東京・新宿駅近くの狭い会議室に付き添いのスタッフを連れて山本が現れた。彼にとってトレードマークと言ってもいい白いポロシャツに細身のデニム、薄いブルーのデニムジャケットにコンバースのスニーカーというスタイルだった。次の国政選挙に向けて、各地を回っている合間だという。山本は、私のインタビューで福島からの避難を訴え続けた当時の心境をこんな言葉で振り返っている。

《私が犯した罪は、思いだけ先走って「みんな逃げてくれ」とお願いしていたことです。「逃げろと言われても、どこに逃げればいいんだ。移動する電車賃もない。逃げた後に生活再建できるのか」「もう国が安全だと言っている以上、どうしようもない」という人がいて、頭を殴られたようなショックを受けた。／私の中にどこか「自分はどこでも生きていける」という、ゴキブリみたいな気持ちがあったから、みんな避難したらなんとかなると思って言っていた。だけど、それは間違っていた。》

《人々の関心という点で考えるなら、目の前の生活がやはり大事になります。人に政治の話を聞いてもらおうというときに、原発や被曝だとどうしても入り口が狭くなりますよね。原発問題に関心を持ってもらうためにも、最初は入り口を広げておくんです。扉を最大限に広げておくためには、経済政策が大事ですよ。／例えば、原発問題でもお金に絡んだ話をしたときは、足の止まり方が全然違ったんです。街頭で語っていても、経済政策を語ったときのほうが反応してくれる》（ニューズウィーク日本版2019年11月5日号）

山本は思いだけが先行して発信していたことを「自分」の罪として語っていたが、彼のSNSが発信力を得るようになった最大の要因もここにある。事実を積み上げることよりも、

「危ない」「逃げろ」と思いを込めて叫び続けたほうが人々に伝播していく。彼が示したのは、さしたる根拠がなくても、思いだけが詰まった言葉をもってすれば、地道に行動し続ける人々よりも強大な発信力を手に入れることができ、かつ人々を動かすことができるということだ。その時々の関心や人々の欲望に瞬間的に答えていくことで、「山本太郎」という存在は大きくなった。

イギリスの認知神経科学者、ターリ・シャーロットは『事実はなぜ人の意見を変えられないのか』(上原直子訳、白揚社、2019年)で、アメリカ大統領選の討論で交わされた印象的なシーンを記述している。トランプと、彼の対抗馬で小児神経外科医のベン・カーソンの討論だ。トランプは子供のワクチン接種と自閉症に関連があるという、有名な疑似科学を自説として展開した。それに対して、カーソンは子供のワクチン接種についてはいくつもの研究論文があり、トランプが主張しているような事実はないと反論した。

そこでトランプは再反論する。「実例ならたくさんありますよ。私どもの従業員の話ですが、つい先日二歳の子が、二歳半の可愛らしい子供が、ワクチンを受けに行った一週間後に高熱を出しました。その後ひどい悪い病気になり、いまでは自閉症です」

シャーロットはここで困惑する自分に気がつく。科学者であり、二児の母親でもある彼女は、自ら論文を読み、当然ながらワクチン接種に何ら問題がないことを知っている。しかし、トランプの発言を聞きながら「どうしよう? うちの子が自閉症になったら」と思う。

偏見と直感だらけの発言であるにもかかわらず、不安を掻き立てられてしまったという。その要因は、カーソンは「知性」にのみ訴えたが、トランプはそれ以外のすべてに訴えかけていたことにある。あらゆるファクトが示すのは、トランプが間違っているという事実だ。しかし、現実にはトランプの訴えのほうが人々の心に突き刺さる。シャーロットのような極めて高い知性の持ち主の心も動かす。

ここにポピュリズムの時代の本質がある。事実はかくも弱く、事実を明示したところで、真逆の信念を持つ人を説得することはできない。行動よりも言葉が人々の感情を突き動かす。

2

2018年の年末、「日経サイエンス」（詳細は『心と行動の科学』別冊日経サイエンス236、2019年）でレポートを書くことになっていた私は、早稲田大学である論文に目を通していた。筆者は科学コミュニケーションと社会の関係を研究している同大教授の田中幹人と研究員の吉永大祐らによる研究チームだ。今、アメリカの科学界でちょっとしたブームになっているのが、ソーシャルメディアやインターネットに関する研究だ。直接の引き金は、トランプ大統領の当選だ。偽情報も含めてソーシャルメディアで発信を続けたトランプは、大手メディアの度重なる「ファクトチェック」にも屈することなく、大統領に当選した。

２０１０年代前半に、民主主義をアップデートするものとあれだけ希望をもって語られた「ソーシャルメディア革命」は、とっくに過去のものとなり、負の作用に注目した研究が発表されている。ソーシャルメディアは、自分が聞きたいメッセージだけ聞くことができるように最適化されやすい。自分の周囲には、同じ考えをもった者同士が集まりやすく、コミュニティーはより細かく分断され、次第にタコツボ化する。意見はより極端なほうへと振れやすくなり、異なる見解への不寛容を生む。意見の対立が先鋭化した先に起きたのは、現実社会における差別や暴力である。

私は自分の経験を重ねながら、アメリカの一般向けの科学雑誌に掲載される最新のレポートを読んでいた。そこにはある種の羨望もあった。アメリカの科学者は、時代と摩擦するような研究を社会に向けて発信している。２０１１年から私が知りたかったことに対して、科学的なアプローチを積み上げている。あの時、福島をめぐり、ソーシャルメディアで分断を経験したはずの日本に特化した研究はまだまだ少ないと思っていた。

そこに出てきたのが、田中の研究だった。彼の研究室を訪ねていくと、早速、大量のデータから描かれたネットワーク図を見せられた。簡単に説明しておくと、彼らが抽出したのは、６００万件にも及ぶ「福島」を含むツイートである。２０１１年を起点に、２０１２

年、2013年のそれぞれ3月に投稿されたものが対象になっている。そして各年ごとに科学的な統計手法を用いて、ツイッター上で影響力を持つインフルエンサーを抜き出し、そのアカウントを、一緒にリツイートされた回数に応じて2次元に配置する。そこで描き出されるのは、ツイッター上の議論の配置図だ。

この図の特徴は、アカウント同士が特に密接な関係があるとみなされるクラスターも抽出できることにある。科学者、マスメディア、反原発、政府発表に懐疑的——。多くのインフルエンサーとともにリツイートされ、議論の中心になっているアカウントは、ネットワーク図の中心近くに来る。彼らはしばしば複数のクラスターの境界に位置している。これは、主張や考え方が異なる複数の集団から注目されていることを意味している。逆に周縁部には、主流から外れたアカウントが位置する。

浮かび上がったのは、福島第一原発事故という未曾有の大事故直後に、議論の中心を担っていた科学者たちが急速にその影響力を失い、科学を懐疑的、あるいは陰謀論的に見る人々に取って代わられていった過程である。わずか2年の間に、科学者たちの声は科学者とその周辺、そして一部の保守層にしか届かなくなっていた。それは同時に、福島を巡る問題が安倍政権の支持・不支持という政治的な文脈に絡め取られていく過程でもあった。「驚きました。見事に分断が描かれましたね」と私が感想を述べると、田中も頷いた。

原発事故が発生した2011年3月、「福島」という語を含むツイートはおよそ360万件に達している。原発事故で何もかもが混乱していたこの時期に、ツイッターでの議論の中心にいたのは、物理学者の早野龍五——当時は東京大学教授——だった。早野は初期からツイッター上で放射性物質の測定データを伝え続けていた科学者の一人だ。彼がツイッターの中心に位置しているのは、マスメディアの公式アカウントやインフルエンサーとなったジャーナリストたちが、彼の情報に関連する発信をしていたためだ。早野の発信は、マスメディアのアカウントを介して、政府の発表や科学者の主張に懐疑的で、日本の放射能汚染はもっとひどいものになると予想するNGOや左派系ジャーナリストらのアカウントが多く存在する懐疑派のクラスターにも届いていた。

私が意外だと思ったのは、「東日本大震災はアメリカが起こしたもの」といった陰謀論を主張するアカウントや、地震予知ができるといった非科学的な言説をばらまくインフルエンサーもいるにはいたが、彼らの主張は周縁に位置していたことだ。災害直後にデマや陰謀論は広まると言われているが、ここまでの大事故になると、影響は一部にとどまっている。

2011年のツイッターに成立していたのは、アメリカの作家レベッカ・ソルニットの言葉で広く知られることになった「災害ユートピア」だ。多くのインフルエンサーは誰に頼まれるのでもなく、自分のためではなく、社会のために発信を続け、普段の政治的・社会的立場を超えて、別のコミュニティーが立ち上がる。

ソルニットはこう指摘する。

「大惨事に直面すると、人間は利己的になり、パニックに陥り、退行現象が起きて野蛮になるという一般的なイメージがあるが、それは真実とは程遠い。二次大戦の爆撃から、洪水、竜巻、地震、大嵐にいたるまで、惨事が起きたときの世界中の人々の行動についての何十年もの綿密な社会学的調査の結果が、これを裏づけている。けれども、この事実が知られていないために、災害直後にはしばしば「他の人々は野蛮になるだろうから、自分はそれに対する防衛策を講じているにすぎない」と信じる人々による最悪の行動が見られるのだ」（『災害ユートピア　なぜそのとき特別な共同体が立ち上がるのか』高月園子訳、亜紀書房、2010年）

この頃、ツイッターだけでなく、現実にも「特別な共同体」が数多く立ち上がった。一例をあげよう。私が高校卒業まで住んでいた千葉県柏《かしわ》市は、東京電力福島第一原発事故で放射線量が高いホットスポットが点在する地域として知られるようになった。首都圏のベッドタウンながら、多くの農家がある柏で一番打撃を受けたのが地元産の野菜が買える直売所だったという。下落幅が大きいところでは、1日あたり500人以上の客の足が遠のいた直売所があった。売り上げ回復のために取り組んだのは、農家、地元高級スーパーの経営者、民間の放射能測定所、放射能への危機感が強い主婦らを一堂に集め、どうすれば「納得して農家を応援できるか」を話し合うことだった。利害関係が重ならないメンバーが集まり、一緒になって合意点を目指した。

ツイッターでのフォロワーが多く、発信力の強い市民もメンバーに入れて、農地まで出向き、目の前で測定し、さらに農場ごとの測定情報を公開することで意見の違いを乗り越えていった。彼らが出した結論は「農場ごとに1キロあたり20ベクレル未満のきめ細かく検査した野菜を出荷する」ことだ。科学的に言えば、厳しすぎるくらいの数値ではあったが、現実的に柏市の農家が目標にでき、かつ消費者が他地域産と比較しても柏産を買う物差しとして、共有されていった。優先したのはメンバー全員の「納得」だった。

彼らが取り組んだのは意見の違いを指摘しあうことではなく、どうすれば地域の生活を再建できるかという一点で話し合い、現場に足を運び、一緒になって考えることだ。

柏のような小さな成功体験はおそらく各地であったに違いないのだが、こうした経験は共有されることがないまま、SNS上のユートピアは崩壊する。

1年後の2012年3月には「福島」を含むツイートは前年の半数以下の140万件に減り、描かれたネットワーク図もまた大きく変化した。科学者やその周辺からなる科学クラスターはこの時点で議論の中心から大きくはずれ、早野も外側に位置するようになった。代わって議論の中心になったのは、「福島は放射性物質によって汚染されている」という考えを喧伝し、「脱原発」を主張するインフルエンサーらを中心とする懐疑派のクラスター、そして「政府と科学者が一体となり、放射性物質による被害を隠蔽している」といった陰謀論を唱えるクラスターだ。

2つのクラスターを結ぶ位置にいたのは、福島県は放射性物質で汚染されているとして、そこで農業を続ける人に対する数々の暴言があり、炎上を招いた（後に謝罪し、誤りだったと認めている）人物である。私が書いていた多くの記事が、届かなかったのは必然でもあった。ユートピアは崩壊し、懐疑派や政府批判、脱原発といったクラスターはそこだけでまとまり、科学者とその周辺もクラスター内でまとまるようになっていたからだ。お互いに他のクラスターには届きにくい状況が生まれ、ツイッターに成立していたはずの議論の場は失われた。

前年と違って、科学者と、懐疑派や政府批判のクラスターとの接続は失われていた。科学者が発信する情報は他のクラスターには届かなくなり、コミュニティーの中に明らかな分断が生じた。田中によれば、その引き金になったのは福島県産農産物の安全性だった。多くの数値が出揃ってきたこの時期に、科学クラスターは「最悪の事態は回避でき、安全だ」と判断した。私もそう判断していた。だが、他のクラスターの圧倒的な関心事は科学的に決着がついていた農産物の安全性だった。

２０１３年になり、この傾向はさらに加速する。３月の「福島」関連ツイート数は約１００万件で、議論の中心となっていたのは極端な懐疑論者のクラスターに加え、反原発、脱原発を主張する左派系ジャーナリストや研究者を中心とするクラスターだ。科学クラスターと大手マスコミクラスターはともにネットワーク図の端に位置しており、ますます議論の中心から遠ざかっている。大きな傾向として変化したのは、科学クラスターと自民党の政治家、政治的右派たちの距離が接近したことだ。

　このころ科学クラスターは、福島の汚染は想定していた最悪の事態よりははるかに軽度であり、健康被害をもたらすほどではないと主張するようになった。こうした主張はしばしば、政治的な右派が反原発論者など政権に批判的な層を批判する際にも使われた。「左派が加担する過激な反原発運動は福島のためにはならない」「反原発運動は福島を貶《おと》め、差別している」といった文脈の中に科学の議論が援用され、福島を巡る議論は2012年から2020年まで7年半にわたって続いた安倍長期政権の支持・不支持とも連動していく。

　福島の汚染を軽度と主張する人々の言説は安倍政権支持層に援用されていき、「福島の復興を応援しない左派、反原発運動はおかしい」と主張し、「福島に隠された真実がある」と主張する人々は「原発再稼働を進める」安倍政権不支持層と結びつき、議論はさらに複雑なものになっていく。政権の支持・不支持が踏み絵となることは、新型コロナ禍をめぐる意見のぶつかり合い、そして陰謀論が飛び交う2020年以降の日常風景だが、その源流は2011年にある。分断は、科学的な議論とは関係のないところで深まっていったのだ。安倍政権を積極的に支持もしないが、しかし科学的には福島の汚染は軽度であるという「わかりにくい」主張をする、インフルエンサーはさらなる周縁に一部いるだけになった。

　福島を巡る議論が政治的な文脈に重なる中、科学クラスターも含めて意見が対立するクラスターに対する批判や攻撃が強まっていき、分断がさらに進んだ「福島」を巡る議論で、科学者は確かに一時期影響力を持った。だが、それは科学的な議論が深化することを意味しなかった。原発事故後の福島という社会的なテーマを持った語りは時を追うごとに閉じていき、クラスター同士のタコツボ化が進行した。科学的な議論を支持するユーザーには科学クラスターの声ばかりが届き、科学や政府に懐疑的なユーザーには懐疑論者の声ばかり、反原発を支持するユーザーには反原発の政治家や活動家の声ばかりが届くようになった。インフルエンサーを中心に支持者が固まり、インターネット上の分断は急速に進んだ。

細分化されたタコツボの中にいると、ツイッターというソーシャルメディア空間の全体的な傾向は見えなくなる。福島についていえば事故の直後は科学者を中心に意見を異にするクラスターがゆるやかに接続して議論が進んだが、１年以内に科学や政府に対する懐疑や不信の声が圧倒的な主流になった。科学クラスターはマスメディアのクラスターとともに主流から大きく外れ、孤立していくことになる。

私もまた、分断を促すような発言をした当事者であり、渦中にいたのだ。

ソーシャルメディアが分断を促すのは、原発事故のような重大なアクシデントに限ったことではない。イタリアのＩＭＴルッカ高等研究所のウォルター・クアトロチョッキらのグループは２０１０〜２０１４年、ＳＮＳのフェイスブックにおいて、科学ニュースを扱うグループと陰謀論——トランプが主張した「予防接種をすると自閉症になる」など——を主張するグループを集めて、情報拡散の規模とスピードを調査した。延べ１００万人を超えるユーザーのデータを収集して解析した結果はとても興味深いものになった。科学ニュースを好むユーザーは科学ニュースだけを積極的に読み、陰謀論を好むユーザーは陰謀論を好んで読み、他ジャンルの記事を読んだり、シェアしたりすることは少なかった。ここまでは、大方予想される動きだ。

彼らの調査でさらに明らかになったのは、ユーザーが科学ニュースなら科学ニュース、陰謀論なら陰謀論と、特定の情報に多く触れるほど、フェイスブックの「友だち」も同じような志向の人ばかりになることだった。日常的に自分とは違う意見を好んで読みたがる人は少数派であり、多くの人々は自分と同じ意見を集めて、安心したがる。似た者同士が集まれば、自ずと議論も画一化していくことは想像に難くない。

クアトロチョッキの研究結果によれば、陰謀論サイトのユーザー間では情報の拡散は広くかつ長く続いている。オンライン上で陰謀論や誤情報は広がりやすく、科学的な知見を報じる記事は広がりにくいというエビデンスは、各国で積み上がっている。ソーシャルメディアにおいて、科学的な議論の影響力は懐疑論や陰謀論には到底及ばないのだ。

フェイク、あるいは陰謀論に対して、ファクトチェックをして「正しい事実」を伝えれば問題は解決するというのは、人間の認知を巡る科学的知見から考えれば甘すぎるくらい甘い発想である。それで問題が解決するなら、とっくに解決している。切り札のように使われるファクトチェックですら、せいぜい対症療法にすぎないとするならば、どうしたらいいのか。ここまで積み上がっているのは、社会にとって不都合なファクトだ。

3

コロナ禍以前は、年末になると福島県いわき市在住のライターで、『新復興論』（ゲンロン、2018年）で大佛次郎論壇賞を受賞した小松理虔《りけん》と五反田のゲンロンカフェで震災や原発事故や復興について、語り合うことが定番になっていた。2019年末に、小松が強調していたのが「当事者」と「共事者」の違いだった。小松が語っていたのは、こんなことだ。

課題には、それに直面する当事者がいる。原発事故ならば避難を余儀なくされた人々がいる。家を手放さざるを得なかった人々がいる。福島第一原発事故のトリチウム水に、新たな風評被害を懸念している漁業者がいる。そして何より、福島に住み続けている人々がいる。当事者たちは、目の前の問題を解決するために声を上げ、多くの人たちに関心を持ってもらえるだろうかと考える。しかし、そこにジレンマが生まれる。当事者の発信は、誰がより当事者なのか、誰がより「現場」に近いのかという発信を競い合う。周囲に位置するメディアやSNSでも、誰がより大変な当事者なのかを競い合わせ、メディアもより資格がある当事者を見つけようとする。

反原発運動を訴える福島の「当事者」を見つけて声を上げさせ、一方で、反原発運動で風評被害が生まれていると声を上げる「当事者」を見つけて主張を取り上げる。彼らはともに「現場」をよく知っていると語る。より困難にあった人々を見つけ出し、「当事者」という言葉を使って当事者の困難を描き出そうとすればするほど、一方で「私たちは当事者とは言えない」という人々を生み出し、彼らは沈黙していく。本来なら多様なはずの2011年からの経験は、メディアが「当事者」を生み出すことにより語れなくなっていくのではないか。

小松はここで、競い合う「当事者」ではなく、「共事者」という概念を考えていると語った。さしたる専門性もなく、現地にルーツもない、住んでいるわけでもない。しかし、課題を共有し、軽薄であり、解決策を考えることをむしろ楽しみ、課題解決の鍵を期せずして担ってしまうような人たち、それが共事者である、と。

私がぼんやりと思ったのはこんなことだった。福島についていえば、当事者の発信は確かに多かった。そして切実でもあった。しかし、共事者は足りなかったのではないか、と。2011年には、確かに科学的な知見をもとにした広い議論が成立しうる可能性はあった。ではなぜユートピアは崩壊したのか。それはクラスター間の対話が足りなかったからだ。私も含めて対話を試みるべきだったのは、端から科学的言説を疑ってかかるような陰謀論者ではなく、対話が成立しうる左派系ジャーナリストを含めた穏健な懐疑論者たちだった。

2011年当時は、科学者の近くにマスメディアや著名なジャーナリストたちが伴走するような形で、共に「震災後の日本の未来」という課題を共有していたのではないか。結果として、彼らがハブとなり科学者の声は孤立することなく、クラスターを超えて届いていた。分断を乗り越える可能性は常にあった。

核となる情報を著名ジャーナリストらが広げたことで情報のハブになっていたが、その後は途切れた。ハブが機能していれば、中間層にファクトを届けることができたのだ。

田中たちは、科学的な議論の支持者が、中間層に訴える力を持った――言い換えれば、共事者になり得る可能性を持った――人々に「福島について非科学的な情報をシェアした」と批判を強めたことが、さらなる分断を招いたと分析している。シャーロットが指摘するように、自説をより強固にする情報を求める「確証バイアス」は、他にある多くのバイアスよりも強いものだ。タコツボ化したコミュニティーの中で意見が先鋭化していくのは、科学者や科学的な言説を支持する人たちも同じだ。

「もしもあなたが自分のことを、推論能力に長けていて数量に関するデータの扱いを得意とする、きわめて分析的な思考の持ち主だと考えているのなら、お気の毒さま。分析能力が高い人の方が、そうでない人よりも情報を積極的に歪めやすいことが判明しているのだ」（シャーロット、前掲書）

個人的な人間関係や政治的な信念で情報は歪む。それは人間である以上、誰もが陥る罠だ。シャーロットが提案するのは、こうしたバイアスを踏まえた上で、「新しい種」をまくことだ。柏市で生まれたユートピアを思い出してみよう。彼らが取り組んだのは、放射性物質の危険性について科学的な議論に基づき、意見が異なる者を論破することではなく、新たな議題――「納得して農家を応援できるか」――を設定して、それを解決することだった。論点を巧みにずらしたことで、可能性が生まれたと言えないか。

ワクチンという厄介な問題についてもシャーロットは、解決の糸口を見つけている。子供に副作用が起きる可能性を懸念することそのものが科学的に誤りであると説得を試みても、真逆の信念を持つ親はより意固地になってしまうだけだ。説得が新たな抵抗を生み出してしまう。彼女が見つけた効果的なアプローチは、親の信念を否定せずにワクチンが、子供を死に至らせる可能性がある病気を防ぐものだという事実を強調することだ。親と医師にとって、最大の合意点は「子供の健康」なのだから。新しい種とは、対立を強調することではなく共有できる課題を打ち出すことだ。それは分断を乗り越える可能性である。課題設定は、「当事者」ではなく、一歩離れた場所にいる「共事者」ができることであり、メディアができることではなかったか。

科学的な知見とそれに対する批判を押さえつつ、懐疑的な立場をとる人たちにはどのような理由があるのかを探っていく。特定の立場の代弁者にならず、中間的な立ち位置から、科学的な議論と懐疑論の接点や合意点を探っていく、文字通りの「媒介者」になる道が、2011年には確かに残っていた。そのためのヒントは、私が歩いていた現場に落ちていた。

社会を構成するそれぞれの集団が、知らず知らずのうちに、自分たちに都合のいい声だけが反響する閉ざされた箱の中にいる間は、社会的な問題は解決に向かわない。２０１１年からの出来事は、２０２０年の未来を先取りしていた。同時に、別の可能性も指し示していたと考えることもできる。

第2章　人に会いに行く

1

２０１１年３月11日は、多くの人の人生に決定的な影響を与えた。親族や友人で亡くなった人がいる、被災した人がいる、あるいは避難を余儀なくされた人がいるという「当事者」だけでなく、「偶然」関わることになったような人に対しても、強い影響を与えた。それは当たり前のようでいて、やがては忘れ去られていくことであるように思える。

人はどんな困難に直面しても、日常を取り戻そうとし、目の前の現実を生き抜く。その中で、転機というのはあらためて問われない限り、どうしても秘められたものになってしまう。決定的な影響、という言葉で私が想起するのは、たとえば手塚さや香という私の記者時代の先輩である。彼女が毎日新聞の記者としてキャリアをスタートさせたのは、２００１年のことだった。私が２００６年入社なので、5年先輩ということになる。彼女は初任地で盛岡支局に配属され、その後は東京と大阪の学芸部で活躍していたが、震災を機に再び、盛岡支局での勤務を希望した。希望が叶ってからそれほど間をおかずに、「より現場に近いところで、働きたい」といって手塚が退職したと聞いたのは、２０１４年の秋だった。

在籍中、私との間に直接の接点はなかったが、同じフロアで働いていたことはあった。アートや論壇の取材を通じて面識はあったため、退職の知らせには軽い驚きがあった。彼女が取材する先は最先端を押さえていたし、事実、取り上げた当時はまだ無名だった人が後に華々しくブレイクすることがあった。震災についても、芸術家や論客の記事を通して取り上げることはできたはずだ。彼女が望みさえすれば、社内でも上のキャリアを目指すことができたし、何より次世代の学芸部を担う人材として期待もされていた。そんな彼女がなぜ辞めていったのか。

退職理由は人づてに聞いたが、よく理解できたし、直感的に、彼女は私と同じ違和感を抱えていたのだろうと思った。

違和感――それはこういう言葉で説明することができる。震災以降、新聞で物事を伝えていくということにつきまとう、どうしようもない「他人事」感に嫌気がさしてしまったのだ。新聞記事では、極力「私」を出さないように指導を受ける。文体にもそれが求められる。いわゆる「新聞文体」は事件・事故、あるいは経済や政局といった生々しく流動的な現場を伝えるには最適な文体だが、人間の感情や揺れ動きといった抽象的なものを伝えるにはおよそふさわしくない。

ニュースは答えを求めている。批判すべき対象は誰なのか、叩くべき対象はどこにいるのか、起きている問題の原因はどこにあるのか……。答えがあることでクリアになる問題はあったとしても、あの震災で起きたことは、答えを求めれば何かを伝えたことになるというものではなかった。

ニュースは大きな主語を求めている。「被災者」という名前の被災者はいないのに、ニュースはどうしても大きな言葉でしか語れない。現場を歩けば、悲しみや喪失を味わった人々に出会う。誰一人として同じ喪失を味わった人はいないのに、どうしても「被災者」あるいは「○○県民」という言葉で括《くく》って伝えなければならない局面が出てくる。

違和感ばかりが強まっていった私は、より自由に伝えられるニュース文体を求めてインターネットメディアに移籍し――それでも飽き足らなくなり、今に至る――、手塚は手塚でより現場に接近する場を求めていった。私も彼女も震災が人生の分岐点になったわけだが、そんな人は決して珍しくはないだろう。

退職後、岩手県釜石市に活動拠点を移し、地元の森林組合で働いているという手塚から、久しぶりに連絡が来たのは2018年の秋だった。私の本を読んだこと、釜石で地域からの情報発信に取り組む若いライターを紹介したいこと、彼らの仲間内を中心に釜石の人々を相手に講演をしてもらえないだろうかという内容だった。どうせ日帰りは難しいから、泊まりがけで来てもらい、釜石を取材していったらどうかというありがたい提案もついていた。

喜んで誘いに応じたのが、ちょうど私のほうが当時所属していた会社を辞める時期だったこと、手塚は手塚でラグビーワールドカップ（2019年）に向けて建設に動き出したスタジアム関連の仕事にかかりっきりになっていたため、話が本格化したのは1年後になった。手塚が紹介してくれた若いライターというのは、釜石市で最も津波被害が大きかった鵜住居《うのすまい》地区に生まれ育ち、成人式の直後に震災をじかに経験した土橋詩歩という20代の女性だった。彼女は東京で数年、メディア関係の仕事に携わり、また故郷に戻ったというキャリアの持ち主で、検索すると写真なども含めていくつかの仕事がでてきた。

彼女と何度かメールやスカイプで打ち合わせを重ね、開催日は2020年1月25日、インターネットでの情報発信や記事の書き方をテーマにした私の講演と、参加者自身がその場で文章を書くワークショップを開くことが決まった。26日朝から手塚が釜石のスタジアムを、そして土橋が故郷である鵜住居を中心にガイドをしてくれるという。ワークショップのお題は土橋のリクエストで「あなたが一番伝えたい三陸のこと」に決まった。あとでわかったことだが、参加者の中には土橋のような人も、同じ岩手県でも内陸部で経験した当時の中学生も、震災後にあえて釜石に移住を決めた人たちも混ざっていた。唯一の共通点らしい共通点は2020年に釜石もしくはその近隣に住んでいたことだ。彼らは一体、何を伝えたいのか。それは私自身も純粋に知りたいことだった。

社会はすっかり変わってしまった。手塚の誘いで2020年1月、1泊2日で岩手県釜石市に行ったとき、私は新型コロナウイルスがここまで世界中、日本中に感染拡大するとは思っていなかったし、取材に出かけることが、かくも贅沢な時間になるとは想像すらしていなかった。無論、2021年にはいってまで収束への見通しが立たないような長期的な問題になることも予想していなかった。

2

午前7時過ぎの東北新幹線に乗り込み、東京から2時間半ほどで新花巻駅に着き、そこからローカル線に乗り換え、さらに2時間弱電車に揺られる。釜石駅に到着した頃には、昼になっていた。たっぷり5時間ほど時間があったので、私は2011年3月の取材記事やノートを読み返していた。

震災は27歳だった私にとって、人生でも何度かしかない衝撃を受けた特別な現場だった。そういうことは滅多にしないのだが、釜石のような大きな被害を受けた地域を訪れるときには、当時のことを正確に思い出すためにかつて自分が書いた文章を読み返すようにしてきた。私が「死者」や「喪失」というテーマで震災を捉えるようになった原点を忘れないために。言葉にすること自体にためらいを覚えた現場で、なんとか「新聞記事」という形に収めようとしていたことを思い出すために――。

あの年、岩手県の沿岸部に広がっていたのはこんな光景だった。

東日本大震災で被災直後から、5日間孤立した集落に入ることができたのは3月下旬のことだった。「みんな家族みたいな」住民同士で捜索やがれきの撤去が進んでいた。本州最東端、岩手県宮古市の重茂《おもえ》半島南部に位置する千鶏《ちけい》、石浜《いしはま》地区だ。千鶏と石浜の両地区合わせて94世帯182人の小さな集落であり、当時の発表によると死者、行方不明者は計31人で、その中には幼児や小学生も含まれている。中心産業の漁業は、あのときの津波で大打撃を受けた。津波は高台にある小学校まで達していた。

宮古市中心部から両地区に向かう道は、県道41号線のみしかない。津波の影響で県道の一部が崩落、一部はがれきで埋まっていたため、地区は「孤立」した。孤立した間、何があったのか。最も過酷な時期にあって、彼らは自分たち自身で「災害対策本部」を立ち上げ、がれきの撤去や遺体の捜索にあたったという。何もわからない状況下にあって、誰も頼れない状況下にあって、彼らは自分たちの力でコミュニティーを維持した。

3月下旬、千鶏地区とその周辺集落の住民代表が集まる「災害対策本部」に顔を出した。本部というのは、プレハブ小屋で、中には机と椅子、名簿、真ん中に石油ストーブと無線が数台、連絡用の衛星電話が置いてあった。手書きの死亡者、行方不明者リストが張り出されており、「本部長」を務めていた地元消防分団長の中村卓郎は「行方不明者も自分たちで探さないと。みんな家族みたいな集落だから」と淡々とした口調で話していた。

初日はまったく相手にされなかった。カメラとメモ帳を持った記者がいきなり訪れても、彼らからすれば何の役にも立たない「第三者」がやってきただけだった。応対するだけ作業の時間が取られるのだから、それも当然のことだろう。遠慮がちに取材のお願いをすると中村は言った。

「毎日午前8時からみんなでがれきを片づけている。話を聞きたいというなら、作業を手伝いながらでもできるだろう。そこで聞いたらいい」

「わかりました。それでは明朝にまた伺います」

そう言って、当時、なんとか確保できていた宿泊先に引き上げた。内陸部の山のふもとにある小さな旅館で、毎日新聞の記者や建設業者が布団を用意できる分だけ部屋に泊まっていいということになっていた。その旅館では風呂も焚くことができたため、共同の浴場を開放し、避難している人々も車でやってきた。従業員たちは私たちが出かけるときや、車で戻ったときに「いつもみたいな世話はできないのにお金をいただいて申し訳ない……」と繰り返していたが、私たちにとっては布団がそこにあるだけでもありがたかった。

約束をしてしまった以上、結果として取材ができなかったとしても、ここで行かなければ、私は嘘をついたことになる。7時前に起床し、着替えを終えて彼が指定した午前8時、千鶏地区中心部に向かうと、すでに人の輪ができていた。中心にいた作業服姿の中村は「今日は撤去と一緒に漁業道具で使えそうなものがあったら仕分けてくれ。浜に行こう」と指示を出していた。彼は私の姿を見ると、少しばかり驚いた表情で「おっ本当に来たか」と言った。津波から二週間が過ぎようとしていたが、地区の至る所でくぎがむき出しになった木片、潰れた車、壊れた船、ロープ、潰れたブイが散乱していた。住民たちはこういう時だからという感じで「さぁ今日も頑張るべ」とにぎやかに作業を始めていた。

「兄ちゃん、とりあえず使えそうなブイがあったら、仕分けしてそこに置いといてくれ。迷ったら聞いてくれ」

住民たちの指示に従って、作業をしていると少しずつ彼らも距離を縮めてきて、「これはワカメ漁でつかっていたもんだ」とか「津波が来る前は、ここにバーっと船が並んでいたんだ」といったことを教えてくれるようになった。そして、中村が現場を仕切っている理由もよく理解できた。多くの重機は彼の会社のものだった。危機において力を発揮するのは、実際に手を動かす人たちである。最初の現場の片付けが終わり、次の現場に行こうとしていた午前9時40分のことだった。

「人がいるぞ。担架と毛布を持ってきてくれ」

高台にある民家近くで、大きな声が響いた。100メートルほど離れた場所で作業をしていた私も駆けつけた。トタン屋根の下に、紺色のもんぺ、赤い長靴が見えた。それは、あおむけに倒れた人の足だった。捜索に関わっていた全員が、作業を止めて現場に集まってきた。遺体の上にかぶさったトタン屋根をショベルカーで撤去し、中村たちが遺体を素早く毛布でくるみ担架に乗せた。さっきまでのにぎやかな雰囲気はどこにも残っていなかった。

ライターでしゅっとタバコに火をつけ、「まだ、出てくる。これが現実だ」と私にささやいた中村の指は小さく震えていた。灰も細かく地面に落ちる。気持ちを落ち着けるように一服すると、彼は大きな声で「合掌」と叫んだ。この号令に合わせ、全員が一斉に手を合わせる。午後、行方不明者リストに二重線が引かれていた。名簿の数字も変わっていた。行方不明者が1人減り、死者は1人増えた。

「(遺体は)たえ子さんだべ。もっと早く逃げていれば助かったのに」

捜索に携わっていた馬場俊明が話しかけてきた。馬場は津波が来る直前、ワカメの加工場近くで歩くたえ子さんの姿を目撃していた。それは高齢の母親を連れて高台を目指す姿だった。馬場がいたのは避難所に指定されていた宮古市立千鶏小学校だった。高台にある小学校で、ここまで到達する津波が来るなんて地区の誰もが想定していなかった。ゴーッという音が聞こえ、海を見ると、高く、黒い壁のような波が地区に押し寄せていた。

とっさに「ここまで波が来る」と思った馬場は校舎脇の細い坂道を駆け上がった。時間にして1分足らずの出来事だったという。振り返ると町はそれまであったものの一切が無くなり、たえ子さんの姿も見えなくなっていた。彼の直感は当たり、小学校にも波が押し寄せた。

「おらもそうだけど、海を甘く見ていたよ」

思い出話をひとしきり語り、目を赤くした馬場はそうつぶやいた。住民の多くは肉親を亡くし、行方不明者もいる。名簿にあるのは知り合いの名前ばかりだ。彼らは努めて明るい声を出し、作業に勤《いそ》しんでいる。表面的に捉えれば、悲しみを乗り越え、再起に向けて動き出したように見えるがそれは違っていた。誰かの家に使われていた木材――そう建築業を営んでいた住民は言っていた――を運びながら、木村信夫はこう話していた。

「本当は働く気力なんて無いよ。でも、こうでもしないと落ち着かないんだ。家族も収入源も全部無くしても、みんなと一緒なら笑っていられる時間もある。この時だけは不安を忘れられるんだ」

作業には毎日参加している。家に1人でいると涙が止まらなくなるからだと言った。木村は地区に住んでいた兄1人、姉2人を津波で流された。姉のうち1人は波が引いた後、千鶏小の校庭で見つかった。あとの2人は行方不明のままだ。彼は「遺体が見つかっただけでも幸せだ」と呟く。船も流され、定置網漁の予定は一切立たず、最盛期を迎えていたはずの養殖ワカメも波に飲まれた。肉親と収益を一気に失っても、彼は明日の作業を待っている。

「記者さん、この後、予定がないなら少し見ていってくれないか。こんな悲しい仕事は無いからさ」

*

海上保安庁の職員として、行方不明者の捜索を指揮していた西野正則はこう言って、私を引き止めた。初めは簡単な挨拶だった。3月26日、宮古市重茂の石浜地区を車で走っていたとき、海保の特殊救難隊の姿を見かけた。海上における人命救助のスペシャリストたちだ。被災直後ならともかく、この時期に生存者がいるとは思えなかった。一体、何のために……と思って、指揮を担当する西野に声をかけた。本来、捜索に立ち会うのならばルールに則り、広報を通して、取材の許諾を得なければいけない。だが、彼は自分の責任でもって第三者に見てもらい、そして現実を記録してほしいと言った。

実際のところ予定はなかったが、仮にあったとしても断ってはいけないと思った。前日から周辺海域で捜索にあたっていた特殊救難隊員ら4人の捜索チームがこの日、地域住民に頼まれたのは、行方不明者が乗っていた車の捜索だった。チームが重茂で捜索にあたったのは25日と26日だ。前日、つまり25日には行方不明になっていた72歳の男性の遺体を海中で発見した。地区の住民ががれきの下を捜し続けたが、この日まで見つけることはできず、海保に捜索を依頼したのだった。ようやく身元を確認することができた親族は「遺体が見つかるだけでも幸せです」と感謝を語ったという。そうはいっても海は広い。この日、彼らが探すことになったのはたった1台の車だった。石浜地区で漁業を営む、石村辰五郎に厳しい表情で頼み込まれたからだ。

「奥さんが流されていて、手がかりがない人がいるんだ。せめて車だけでも見つかれば気持ちが整理できるんだ。何とかお願いできないか」

石村自身も母と3歳の孫の行方が分かっていないが、他の人の車を探してほしいと熱心に頭を下げた。

「おらんとこも何にも見つからねえ。だからよ、手がかりがあるなら見つけてあげてほしいんだ」

陸にいるメンバーに声をかけて隊員たちは海に潜る。1回目、2回目……。海面に上がった隊員は両手で×を作った。何度か捜索を繰り返し、救難隊員の増井雅和が海から陸にいる隊員に向かって叫んだ。

「車があった。人がいないか確認します」

探している車の持ち主は、この地区で漁業を営んでいた馬場光紀の妻だ。石浜地区の昆布の加工場で働いていたところを津波に襲われ、行方不明になった。沿岸から200メートルほど離れた場所だった。乗っていた軽乗用車は加工場近くに置いており、乗って避難しようとした可能性もあるという。

馬場は岸壁近くでしゃがみこみながら、うつろな表情で救難隊を見つめていた。

隊員たちは海域の潮流などについて住民たちに聞きながら、捜索場所を決めていく。最初の捜索で車が1台見つかった。岸壁から約50メートル離れた海面で、増井が顔を出して叫ぶ。「ナンバーは××ー××」。住民から「違う。その車なら持ち主は別の人だ」と声が上がった。

3月下旬であっても5度を切る水温の中で作業を続ける隊員の体力は限界に近づいていた。あとで聞いたところ、2回目の潜水の時点で、隊員たちは手指も足も感覚がなくなりつつあったという。その時、「車が見つかった。ナンバーは……」という声が響いた。馬場の妻の車だった。その地区の車に限っても、何台も海へと流され、ガソリンとおぼしき油が海面を覆っていた。1台の車がピンポイントで見つかるのは、奇跡と言っていいように私には思えた。

彼らはすかさず「人がいないか確認します」と言い、再び潜水を始めた。数分後、潜水服のオレンジ色が海面に上がってきた。

「人はなし、人はなし」

一瞬立ち上がった馬場は、「ふうっ」と深い息をつき、再びしゃがみこんだ。隊員たちが陸に上がってきた。馬場は小さく一礼した。彼は「良かった。車だけでもあったんだ」とつぶやき、また海を見つめるのだった。

地区の消防分団長は「ありがとうございました。これで次に進めます」と隊員たちに挨拶した。誰もが行方不明の家族をあきらめきれず、災害対応に身が入らない。生きているとも信じられないが、遺体が見つからない以上、死者になったとも言い切れないし、言いたくない。「遺体が見つかってよかった」という言葉の裏にあるのは、「死者」として別れを告げることができるほうが、宙ぶらりんでいるよりは良いという思いに他ならない。遺体があるかどうか、無いならせめて車だけでも見つかれば気持ちが落ち着く。それがありのままの現実だった。

陸地に上がり、住民たちが熾《おこ》したたき火に集まり隊員たちは暖を取った。西野は彼らにねぎらいの言葉をかけて、この日予定していたすべての捜索を終えた。

「人命救助より、生きている人が区切りをつけるための捜索になっている。命を救えなくても、感謝される。これはつらいし、私たちの仕事にとっては悲しいことなんですよ」

海を見つめながら西野は言った。ほんの十数メートル先にはしゃがみこんだまま、じっと動けない馬場の姿があった。効率だけを考えれば、人員のコストという観点から考えれば、海保の行動は非効率であることは論を俟《ま》たない。だが、彼らのやってきたことは無意味だと一蹴することもできなかった。では一体、残された人たち＝生者にとってどのような「意味」があったと言えるのだろうか。

当時の私にはわからないままだった。

3

2020年1月25日――。ワークショップの会場となった釜石大観音近くのシェアオフィスで、私は心底驚いていた。提出された文章の中に想定をはるかに超える文章があったからだ。「あなたが一番伝えたい三陸のこと」という課題にしたが、そこに書かれていたのは、強烈な内面の吐露だった。書いたのは、遠野市出身で青森の大学に通っている千葉桃である。23歳の千葉は震災当時、中学2年生だった。大学卒業後は釜石を拠点に、大きな意味で復興や地域振興に関わりたいと目標を語ってくれた。以下、彼女が提出してくれた文章とインタビューを元に書いておこう。

内陸に暮らしていた彼女にとって、大きな被害を受けた三陸は近くて遠いところであり、「震災」も被災地も縁遠い言葉だった。ところが大学3年の時に、宮城県気仙沼《けせんぬま》市で被災したホテルの社長の話を聞いているうちに、涙が止まらなくなってしまった。なぜ、自分は涙を流しているのだろうか。

自らの内面に問いかけるうちに、彼女は自分が避けてきたのは、「震災」という話題ではなく、「その人たちの分まで生きなければならない」という重圧だったことに気がついたという。多くの人が亡くなり、苦しい思いを抱えながらも、それでも明日のために立ち上がる人たちの存在が伝えられるなか、彼女は「自分はどう生きるのか」と問われているような気がしていた。真正面から答えられない問いに直面した彼女は、一度、自分の気持ちに蓋をした。

私が何より驚いたのは、当時14歳だった千葉が、死者の存在を自分の近くにあるものだと感じ取り、自分の生き方を問い直したという事実だった。人には、自分の内面と向き合わないと聞こえない声がある。一度気持ちに蓋をすれば、その声は聞こえなくなるが、蓋の内側に澱《おり》のように溜まり、どこかで自分を苦しめる。彼女は、直接被災を経験した「当事者」ではないが、自分にとっての「東日本大震災」を考え、死者からの問いを深め、2020年に「震災を知ることは、きっと自分や生きることと向き合うことになる」と書いた。

わずか1時間で書かれた彼女の文章は決してうまいとは言えないが、真剣さは誰よりも強かった。

彼女の文章を読みながら想起したのは、直木賞作家、辻村深月の連作短編集『ツナグ』（新潮社）という小説に記されたあるシーンだった。単行本が刊行されたのは2010年の10月だが、物語は2011年3月11日以後の「時代」を確実に捉えていた。簡単に設定を記しておきたい。

この世界に、亡くなった人と生きている人との再会を、たった一度だけ叶えることができる使者《ツナグ》という仕事がある。その力が使えるのは、世の中で一人しかおらず、現「使者」の渋谷歩美は若くして祖母から力を受け継いだ。再会を使者に依頼できるのは生きている人だけで、死者から「会いたい」と指名することはできない。「死者は常に待つ側」だが、指名を受けて会うか、会わないかを決める権利を有している。再会できるのは、生者にとっても、死者にとっても一人だけというのが絶対的なルールだ。生者も死者もともに、一度きりの権利を使い再会を願っているのならば交渉はすぐに成立し、使者が再会の段取りを整える。

ここで重要なのは、生きている者と死者をつなぐ使者はあくまで当事者ではなく「第三者」に過ぎないということだ。直接的に彼らの関係や人生に介入することはない。それでも、歩美は誰かの人生に立ち会うことの重さを感じる。

物語の狂言回しの歩美が一度だけ主人公になった「使者の心得」という一編がある。祖母から「力を譲りたい」と指名を受けた歩美が、引き継ぎの過程で直面する葛藤が大きなテーマとなる。彼は思い悩む。死者に引き合わせることができるのは、たった一度、より厳密に言えばたった一晩であり、時間にして数時間だ。死者は生前の記憶も姿もそのままに姿を見せるが、朝になればすっと消えてしまい、会ったという記憶は生者にしか残らない。

死者に会って人生の区切りをつけられる人もいれば、激しい後悔に苛まれる人もいる。死者に会うというのは、決していいことばかりではないということは彼も短い期間で学んでいる。決定的なのは死者を呼び出しても、死者のためになるようなことが起きないことだ。彼らは生者のために呼び出され、消えていく。そうであるならば、使者の力は「生者のエゴ」のために使っているのではないか。生者は死者を消費し、自分だけが満足する。「死者は、生者のために存在してしまっていいのか」と歩美は自分自身にも問いかける。

確かに、死者が何も語れないのをいいことに、この社会では「死者の代弁」をしようとする人々があらわれる。「亡くなった人たちはこんな思いだった。だからその思いを受け継ぎ復興が必要だ」といった具合に。それは死者と向き合っているようで、生きている自身の考えを主張したに過ぎない。言い換えれば死者を生者のために利用し、主張を押し通そうとしているだけだ。

こうした人々にとって、死者は便利な道具であり消費するだけの存在だ。だが、歩美の元にはそれだけでなく、大切な人が亡くなった後にどう生きればいいのかを問うために死者に会いたいと願う人々が訪れる。

物語のクライマックスにあたる場面なので詳述は避けるが、やがて、歩美は自身にとっての大切な死者を巡る事件の真相に接近する中で、そして依頼人と向き合う中で一つの考えにたどり着く。それは自分の心の中の声を聞いた結果でもある。彼は思う。たとえ傲慢であっても、たとえ勝手な思いであっても、「死者は、残された生者のためにいるのだ」と。

それは2011年3月に捜索に当たっていた、海保救難隊員に課せられた役割と地続きのものだ。一人の住民にとって、捜索とは死者を死者として受け入れるための儀式だった。あの日、岸壁に座り込んでいた夫は「残された生者」として、捜索で見つからないという事実と向き合うことで、「死者」になっていく妻を少しずつ受け入れることになった。大切な人が亡くなったという事実は捜索があってもなくても変わらない。だが、残された生者の未来にとって、非合理的な捜索は確かに必要なものだった。

「この人」あるいは「この人たち」がどこかで見ていると思う気持ちは、生者が生きている限り、いつまでも残り続ける。私たちは「死者」とともに生きているからこそ、時に激しく会いたいと願い、時に直接の当事者ではない第三者であっても——歩美や千葉のように——「その人たちの分まで自分は生きないといけない」という重圧に苛まれることもある。

一方で「自分たちには関係がない」と死者を忘れようという人たちがいる。震災から10年目というのを「一つの節目」と位置付け、政府主催の追悼式をやめるという決定がその一つだ。10年という節目があるのだから、もう死者を思い返す儀式はしないという。こうした人々を貫いているのは、合理性の論理だ。いつまでも「復興」というフェーズにいる必要はない。「いま、ここ」で儀式は終わりでいいだろうという思いが透けて見える。

こうした考えの先にあるのは、死者の忘却である。

哲学者、そしてゲンロン創業者の東浩紀は、「復興」を「未来への希望を回復する営み」と定義した。未来への希望は、現政権的な合理的な死者の切り捨ての上に成り立つのだろうか。むしろ希望は、死者と生者の関係を自分の問題として問う千葉のような思想にこそあるように思える。死者を受け止め、ともに歩んでいくという責任を引き受けること――。「いま、ここ」にとどまらない力は、死者とともに未来を選択する力である。忘却が持っている力は強い。だが、死者の存在に突き動かされ、未来を選択しようとする人たちも存在している。この事実も忘れてはいけない。

4

どうしても見たいものがあると手塚さや香にお願いしていたものがあった。「どうせ釜石に行くなら、一つだけわがままを」と頼んだのは、2019年に開かれたラグビーワールドカップで会場となった釜石鵜住居復興スタジアムを案内してほしいということだった。

私は土橋詩歩が企画したワークショップの講師をなんとか務め終え、参加者と一緒に釜石の飲食店街に流れ込んだ。そこに手塚も合流し、三陸の旬である「わかめのしゃぶしゃぶ」をメインに、南部鉄器の鉄瓶からお猪口《ちょこ》になみなみと注がれた日本酒を堪能することになった。

「酔う前に明日の集合時間と場所だけ決めよう」という手塚の提案に応え、私が宿泊していた釜石駅前のホテルの名前とおおよその集合時間を、その場でメールに送った。そうこうしているうちに、肉厚のわかめが目の前にやってきた。鍋の湯にさっとくぐらせると、黒っぽい色だったわかめは目にも鮮やかなグリーンに変わる。それが引き上げのタイミングだ。ポン酢につけて口に運び、間髪入れずに日本酒を流し込む。最初は歯応えを楽しみ、やがて強烈な磯の香りと旨味がやってくる。美味は口を軽くするもので、私は手塚や土橋たちにこんな話をしていた。

ラグビーワールドカップを取材していたが、日程と取材パスの関係でどうしても釜石を訪れることができなかった。「北の鉄人」として知られラグビー日本選手権を7連覇した新日鐵釜石の逸話は、名だたるスポーツライターたちの作品で読んでいたこと。そして昨年7月末のプレスツアーも応募原稿の締め切りに重なってしまい、直前のところで泣く泣くあきらめざるを得なかったこと……。そして、復興という意味では、ラグビーワールドカップ日本大会が、何よりも希望になっていたこと……。釜石という街とラグビーを切り離すことはできない。「おぉその話はめっちゃおもしろいですね」と反応してきたのは鵜住居小学校出身の土橋だった。

＊

ラグビーは分断や対立を強めていく政治の力とは違う力で、社会をつなぎ合わせていた。韓国からやってきたフォワード具智元《グ・ジウォン》、ニュージーランド出身のキャプテン、リーチマイケル、そしてジンバブエ出身の父親と日本出身の母親のもと南アフリカで生まれた快速のウイング松島幸太朗……。彼らは大会前に、ここ釜石でフィジー代表と戦っていた。

私にとって、ラグビーワールドカップ日本大会で、これまで最もラグビーの精神を感じた瞬間は、アイルランド代表を率いるジョー・シュミット監督が日本に敗れた衝撃的な一戦の直後に語った言葉である。元教師という肩書を持つ名将は、最初の質問に答える前に「日本におめでとうと言いたい。素晴らしかった。本当にビッグチームだ」と、手放しに称賛した。

アイルランドの歴史をひもとけば、伝統国かつ世界有数の強豪でありながら、ワールドカップでの戦績はベスト8止まりといつも物足りないものだった。そんな状況を打破すべく、ニュージーランドからシュミットを招聘《しょうへい》し、世界ランキングを2位まで上げて大会を迎えた。公式ガイドブックは「誰もが羨む層の厚さを誇る『グリーンマシーン』が、上位進出を逃すとしたら驚きだ」とまで書いている。

そんななかで敗戦してもなお、シュミットは勝者をたたえることから会見を始めた。現実を受け止め、誰かをおとしめることは絶対にしない。彼の行動はラグビー憲章に掲げられた5つの言葉——品位、情熱、結束、規律、尊重——を体現したものだ。アイルランドも政治的には南北に分かれ、根深い対立の歴史を抱えている。それでもラグビーでは、分断とは関係なく一つのチームで臨む。政治とは違う、結び直す力を証明し続けてきた事例と言えるだろう。ラグビーワールドカップは日本のスポーツ史においてもっとも幸福なイベントとして記憶されることになるだろう。

「ワールドカップといえば、メディアの人を案内してみてほしいなって話も仕込んでいたんだよね。それが釜石で試合をするはずだった2試合のうち1試合は中止になったでしょ」と手塚は言った。列島を縦断した台風19号の影響でカナダ─ナミビア戦は中止になっていた。釜石鵜住居復興スタジアムが建設された場所には、かつて釜石市立釜石東中学校と鵜住居小学校があったという事実がある。「復興のシンボルとしてのスタジアム」は大きくフィーチャーされたが、それだけでは終わらせないものがあったという。

「それってなんですか」、と聞こうと思ったがやめておいた。実際にスタジアムに行ってみてから聞いても遅くはない。

5

釜石で実際に起きたことのなかで、もっとも世に広く知られているのは、「釜石の奇跡」

と呼ばれることになったエピソードだ。鵜住居地区は釜石の中でもとりわけ津波被害が甚大であり、市内死者・行方不明者の半数が集中した、その数、５８３人である。しかし、当時学校に残っていた中学生と小学生に死者はいなかった。釜石市の記録とこの地区の出身者である土橋の証言をもとに、当時の様子を簡単に振り返ってみよう。

２０１１年3月11日14時46分、地震発生。釜石東中の校庭では地割れが起き、水が噴き出していた。小中合同で開いていた避難訓練では、地震が起きたらまず校庭に集合することになっていたが、生徒たちは「津波が来る」と考え、「集合」せずに避難場所になっていた「ございしょの里」まで避難した。中学生が走る様子を見た小学生たちも、避難を始める。

＊

土橋はコンビニの駐車場で揺れを感じ、これは津波が来ると直感した。小学校時代に、地域の津波の歴史を調べていた土橋は、どのエリアに津波が押し寄せてきたかを知っていた。彼女は普段なら逃げようとしない両親を説得しに、そして足が不自由で一人では避難が難しい近所に住む祖母の元へと帰る。詳しくは覚えていないが、コンビニの店員にも「避難した方がいい」と言ったらしい。

彼女の実家は、鵜住居小学校のすぐ近くにあった。家の中まで校内放送の内容が聞こえてきた。

14時55分、避難場所に到着した生徒、児童、地域住民の数は600人を超えていた。生徒たちは全員の無事を確認する。

*

土橋は家の戸締りや整理を気にする祖母を説得し、「早く車に乗って」と言った。車に乗り込み避難する途中、家に戻る同級生の父親とすれ違った。それが最後の姿だった。

*

15時10分ごろ、がけ崩れの危険性などを考え、さらに高台にある「やまざきデイサービス」を目指すことが決まった。中学校の若手教員が先発し、道が安全かどうかを確認した。安全を確認し、中学生が小学生の手を引いて避難を開始する。そして――。

15時17分、生徒たちがさらに高台を目指し、避難を開始して数分後に津波が襲来する。「黒い壁のようだった」「ごーっとすごい音がした」と証言が残る津波が、街を飲み込んでいった。現場にいた教員は「これはもうだめだ。もう逃げられない」と思いながら、目の前にいた生徒に向かって無我夢中で「逃げろ」と叫んだ。ある女子生徒は「煙のようなもの」が津波だとは気がつかず、全力で走り続けた。彼らは高台に到着し、少しだけ後ろを振り返ることができた。さっきまで、自分たちがいた「ございしょの里」と中学校にまで津波は到達することになる。

15時17分～30分にかけて、中学生はさらに高台の「恋の峠」を目指して長い坂道を駆け上る。もう全員が助かるという想定は教員もしていなかった。最後尾には、中学校の副校長がいた。副校長は脱げ落ちた小学生の靴を拾い、そして「自分の命を自分で守りなさい。止まらないで走りなさい」と叫ぶ。女子生徒の一人は鵜住居保育園の園児を抱えながら走った。極限状態でありながら、彼女は「自分だけ」を考えるのではなく、さらに年齢が低い子供を助けるために手を差し伸べるという選択をした。彼女の目に飛び込んできたのは、保育士が園児2～3人を抱える姿と、小学校高学年と思《おぼ》しき児童が園児を抱きかかえて走っている姿だった。それをみて思ったのだ。

「自分もやらなければ」

来た道を少し戻り、園児を抱き抱えた。そして、長い坂道を駆け上る。途中で、「このままだと自分も走れなくなる」と思い、近くを避難していた友人の父親に園児を引き渡した。恋の峠から見えたのは、何もかもが無くなってしまった鵜住居の街だった。

＊

土橋が車を走らせた道は、津波避難では絶対に通ってはいけないと言われる川沿いだった。なぜ彼女はその道を選んだのか。それは知っていたからだ。過去の津波襲来エリアの中で、地形的に津波がやってきにくいエリアがあることを彼女は知っていた。小・中学生が駆け上っていた避難ルートがあることも知っていたが、車で避難したときに渋滞に巻き込まれる可能性は高いと考えていた。車を捨て、祖母を置いて自分たちだけ走って逃げるか。それなら自分の命は助かるだろう。だが、全員は助からない。

彼女は、全員が助かるほうに賭けた。そこで選んだのは、小学校のときに調べ、過去に津波がやってこなかった道だ。細い道だが、そこまで他の車はきていなかった。彼女は山の方へアクセルを踏み続けた。想定外の事態であっても、彼女もまた利己的には振る舞わなかった。

数キロ走ってから、自分たちが住んでいた街が津波に襲われたことを知った。2020年になり彼女は言う。「今でも、車でどこを走っているかたまにわからなくなるんですよね。

あまりにも街が変わってしまって。震災以前は地図なんか見なくても良かったのに……」

＊

土橋が好きだと語っていたのは、小学校の校歌の冒頭だった。

「海はなな色虹の夢、波は優しい母の歌」。津波が襲った今でも、校歌も海も好きだと彼女は言う。道は無くなっても、海は遠くなっても、心に刻み込まれた景色は変わらない。

6

翌朝8時きっかりに手塚が車で迎えに来てくれた。東京ではあまり味わうことができない、顔に痛みを感じるくらい冷え込んだ朝だった。車に乗り込むと、私の分までホットコーヒーを用意してくれていた。あたたかいコーヒーを飲みながら、駅から15分もしないうちに、スタジアムに着いた。

その特徴、そして彼女が伝えたかったことはすぐにわかった。シートからＶＩＰルームまで木材がふんだんに使われていた。スタンドからピッチまでの距離は、私がワールドカップで観戦したどのスタジアムよりも近い。スタンドには「絆シート」と名付けられたゾーンがあり、旧国立競技場や、熊本県民総合運動公園陸上競技場から寄贈された座席が並んでいた。

「いいスタジアムでしょ。ここにうちの組合の木が使われているんだよ」と手塚が案内してくれた。「うちの」という言い方に、彼女の変化が感じられた。釜石といえば、とっさに三陸の海を連想してしまうが、実は林業の街でもある。ラグビーでその名を轟《とどろ》かせた「新日鐵釜石」に代表される製鉄の歴史も支えてきたのは森だった。鉄鉱石を溶かすために用いられていたのは木炭であり、製鉄業を支えるためには森林資源が不可欠だったという。森があることが、製鉄ももう一つの主力産業である漁業の支えにもなった。

スタジアムに使われている木材は普通なら使われない「林野火災」で被災したスギを使ったものだった。津波で被災した中学校の跡地に、火災で被災した木材を使い、スタジアムを作るという発想が素晴らしいと思った。このスタジアム自体が一つの慰霊碑とも読み取ることができて、それは確実に未来への希望にもなっていた。

2017年5月8日、釜石市尾崎半島で発生した大規模な山火事を地元紙「岩手日報」はこう報じていた。

《現場は尾崎半島の鷹巣山東部で、同市平田の国道45号から東に約4・5キロ付近。湾内を航行中の漁船が午前11時56分、119番通報した。釜石市は同時刻に災害対策本部を設置した。

市は避難指示を尾崎白浜《おざきしらはま》、佐須《さす》の両地区に出した。午後10時現在、平田小、旧釜石商高、あいぜんの里、釜石いこいの家の４カ所に39世帯、76人が避難した。

同日の県内は釜石で最大瞬間風速25・９メートル（午前10時47分）、大槌・新町で28・４メートル（午前10時48分）を記録するなど強風に見舞われた。

山林火災は範囲が南北２・５キロ、東西２キロ程度に及び、同日夕現在、火の手は尾崎白浜集落の南東約１・５キロまで迫ったもようだ。

釜石市や消防によると、青出浜《あおだしはま》に近い尾崎神社周辺から燃え広がった可能性がある。自衛隊と県のヘリ計３機が空中消火を展開。釜石消防本部、市消防団の約１００人や釜石署なども出動した。消火活動は日没で打ち切り、消防団員らは夜通しで延焼が拡大しないか警戒に当たった。》

鎮圧が宣言されたのは５月15日のことだった。当初から地元資源の活用というスタジアム建設のコンセプトは決まっていたが、ここにもう一つの災害という文脈が加わる。このときの山火事で50年以上かけて育ててきた木が真っ黒に焼けてしまった。考えてみればごく当たり前のことだが、木材というのは一朝一夕で手に入るものではない。小さな苗木を半世紀以上の年月をかけて育てて、やがて伐採に耐えうる樹木に生長する。山火事で燃えていったのはただの木ではなく、彼らが長い月日をかけてゆっくりとその時を待った「商品」、それも高品質な商品である。

絶望的な状況のなかで、朗報がたった一つだけあった。火災によって表面こそ焼けてしまったが、製材すれば品質としてはまったく問題なく使えることがわかった。手塚によれば、この手の木材は日本の場合「縁起が悪い」ものとして扱われ、通常よりも安い価格で取引される。言い換えれば品質よりも「火災」にあったというラベルを貼られ買い叩かれてしまうということだ。

だが、釜石市は被害を受けた山林所有者たち、林業者への支援という意味合いも込めて、新スタジアムに被災した木を使った。そこに込められているのは、二重の意味で再生の意思である。彼女が「文言の調整に苦労した」というスタジアムの案内には、こう刻まれている。

「山火事も耐え抜いた尾崎半島の木は、度重なる津波から復興してきた釜石の不撓《ふとう》不屈《ふくつ》の精神を象徴し、この釜石鵜住居復興スタジアムにふさわしいものです」

私たちは釜石の復興といえば、震災ばかりを思い描いてしまう。だが、災害は津波だけではない。森とともに生きている人たちもいて、彼らは彼らで困難に立ち向かってきた。スタジアムの中に入り、グラウンドを見る。外には雪も残り、芝生は茶色がかってはいたが、復興を選んだ人々が作り上げた日本でもトップレベルのスタジアムだった。

スタジアムを後にし、手塚の車に乗り込む。ガイド役を土橋に交代し、彼女は仕事へと向かうことになっていた。私がスタジアム近くにあった、震災関連のモニュメントなどを興味深そうにメモに取り、iPhoneで撮影していたからだろう。手塚は別れ際に「もう釜石では『奇跡』という言い方をしなくなっている」という話を教えてくれた。「奇跡」ではなく、「出来事」と言い直しているのだと。発端となったのは、奇跡の舞台となった鵜住居小で、ひとり職員室に残った事務職員がいたことだった。私は最初に話を聞いた時に、メディア上で使うのならば通りのいい「奇跡」という言葉でもいいのではないかと思ったし、彼女にそんな話もしたが、今は少しだけ考えを変えた。

＊

いくつかの事実を知ったからだ。津波で行方不明になった事務職員の名は木村タカ子という。彼女の夫である木村正明の新聞記事（たとえば2015年3月9日付朝日新聞）や仲間の協力を得て製本した手記を釜石市の慰霊施設「釜石祈りのパーク」に併設された「いのちをつなぐ未来館」にて、読むことができた。木村はメディアが大々的に語ってきた「釜石の奇跡」という言葉に絶えず違和感を抱き続け、最初はひとりで声を上げていた。妻は、児童と教員が一斉に高台に避難を開始する中、ひとりだけ職員室に残った。学校に残っていた児童が全員無事だったという「奇跡」ばかりが強調されることは、彼にとっては「なぜ自分の妻だけが……」という疑問を募らせるだけでしかなかった。

支援する仲間も増えて、学校とは15回にわたる交渉をもった。それでも、わかったことはといえば「児童の親から問い合わせがあったときに備えて、ひとり残ったのではないだろうか」という仮説だけだった。行方不明になった学校の跡地はスタジアムになり、彼が妻と過ごしてきた自宅跡地には学校が再建されることになった。彼は、市が求める土地の売却をずっと保留にしてきたという。木村は誰もが「奇跡」という言葉で賞賛する空気に、ひとりで抗っていた。

木村は手記の最後にこんなことを書いている。

「『釜石の奇跡』という言葉によって、『死者の声』『遺族の声』『一般の釜石市民の声』が消されてしまう」

「今、世の中は感情を出しすぎで暴力に出ることが多々ありすぎる。そうしないためにはどうすれば良いか自分なりに考えた。それは無い頭をひねり、まず文章にしてみる事だった」（原文ママ）

私も「美しい物語」には惹かれてしまう。だが、それだけでは描ききれないものがある。ラグビーワールドカップで、おそらく東京から一番交通アクセスが悪い釜石のスタジアムに多くの人が足を運び、あの震災にも思いを馳せることになった。それは間違いなく素晴らしいことで、それを復興と呼ぶこともいいだろう。だが、まったく別の感情を抱きながら、生活する人がいるのも事実だ。奇跡、で塗りつぶしてはいけない。

複数の物語が同時に成立する。これが取材のリアリズムであり、複数の現場を訪れることで得たシーンはまったくの偶然にして響き合うことがある。

私は自著の取材地に、いくつかの偶然が重なり釜石に隣接する岩手県遠野市を選んだことがある。2019年7月に遠野の取材で得たシーンをラストに配置することになったのだが、今から思えば非常に贅沢なことをやっていたと思う。本編に出てくる登場人物たちとはまったく関係ないが、しかし、時代を考えるヒントを得るためだけの取材だったからだ。遠野ゆかりの柳田國男、より厳密に言えば彼が戦後初期から教科書づくりに取り組んでいたことを調べていた。

1875年生まれの柳田は、敗戦直後から若者の教育問題に深く関わっていく。終戦当時で齢《よわい》70歳超、彼は、戦後最初期から切実な問題意識を持って、教科書づくりに取り組むことになった。その理由は何か。それは「ことば」の問題だ。「ことば」を使うとはどういうことなのか。それは敗戦後の「言論の自由」とは何かを根底から問うことにつながっている。彼は、国語教育の必要性に関連して、こんなことを書いている。

「言論の自由、誰でも思った事を思った通りに言えるという世の中を、うれしいものだと悦ぼうとするには、まず最初に「誰でも」という点に、力を入れて考えなければならない」

（『柳田國男全集22』「喜談日録」ちくま文庫、１９９０年）

歴史教科書について調べていた私は、たまたま柳田の教科書を知り、その言葉に込められた意味を探るためだけに、東北新幹線に乗り込んだ。東京都内で取材を完結させようとすればできなくもなかったが、行くことで得られるものがあるだろうと思った。遠野駅では、かの地に語り継がれた怪異の物語をまとめた柳田の名作『遠野物語』でその名が知られているだけあって、河童をモチーフにした彫刻やキャラクターが出迎えてくれた。

駅前は土産物屋以外の店はあまりなく、駅からのメインストリート界隈にコンビニや全国チェーン展開をするような居酒屋も一切ない。地元で長年、続いてきたお店か、近年、注目されている遠野産ホップを売りにした地ビール屋が新規参入組で、都心でもよく見かけるような木目を生かしたテーブルなどを配置した店構えで客を呼び込んでいた。都市部からの彼の地への移住者や、私のように遠方から訪れた客で夜は賑わっていた。

私の最初の目当ては、駅から徒歩で10分足らずのところにある「とおの物語の館」で展示されている教科書を見ることだった。真夏の遠野はとても暑く、少し歩くだけで背中に汗が流れてきた。敷地内には柳田國男が滞在し、民俗学の調査研究の拠点として使っていた旧高《たか》善《ぜん》旅館と、東京・成城《せいじょう》から移築した柳田の隠居跡が並んでいた。前者は明治から昭和にかけての遠野を代表する名旅館で、柳田の他に、彼の弟子で独自の民俗学を切り開いた折口信夫なども宿泊している。いかにも日本の旅館然とした佇まいである。時折、吹き抜ける風がとても心地よかった。後者の一角に、お目当てのそれはひっそりと展示されていた。

柳田が最晩年に関わった6冊の教科書、国語教科書の「新しい国語」と社会科の教科書「日本の社会」があった。柳田が書く、「新しい」とは何が新しかったのか。戦後、筑摩書房などで活躍した編集者であり、作家としても活躍した野原一夫の『編集者三十年』（サンケイ出版、1983年）や杉本仁『柳田国男と学校教育　教科書をめぐる諸問題』（梟社、2011年）、柳田の日記などから当時の雰囲気を探ることができる。

柳田が国語教育への関心を詳細に記した前述の「喜談日録」は、1945年12月25日に創刊した筑摩書房の思想文芸誌「展望」の目玉論文として連載が決まったものだった。当時40歳を迎えたばかりだった編集長の臼井吉見《うすいよしみ》は、陸軍少尉として千葉県の山村で本土決戦に備えていた中で終戦を迎えた。臼井にとって、雑誌を出すことは長年の悲願だった。生きて帰ることができれば……という思いの中で創刊したのが「展望」だった。

初めての編集会議は1945年10月20日頃、箱根で開かれ、編集方針もそこで決まった。彼らは「自分自身を読者に想定し、自分たちが読みたいものを掲載させる雑誌」をコンセプトとした。臼井は後に「一つぐらいは、編集者が自分の読みたい雑誌をつくることもゆるされるだろう。そんな雑誌に共感してもらえる読者が、ある程度、いないはずはない。すくなくとも、読者を小バカにした、いい気なものだけはつくりたくなかった」と回想している。自分たちが面白いと思うものを直接投げかけることに賭けた。読者のレベルを勝手に想定し、これは難しすぎる、これは受けないと決めつけるような姿勢は一切ない。まずは、読みたいものを出すことを彼らは優先した。

創刊号はA5判160ページ、定価は3円50銭で5万部を印刷し、社会が「論」を求め、雑誌がそれに応えることで、結果として完売を記録することになる。

臼井が柳田のもとを訪ねたのは、同年10月12日のことだった。『編集者三十年』によると、柳田は臼井に対し、こんな思いを語っている。

「あの戦時下の挙国一致をもって、ことごとく言論抑圧の結果と考えるのは事実に反している。利害に動かされやすい社会人だけでなく、純情で死をも辞さなかった若者たちまで、口をそろえて一種の言葉だけをとなえつづけていたのは、強いられたのでも、欺かれたのでもない。これ以外の考え方、言い方を修練する機会を与えられていなかったからだ。こういう状態が、これからも続くならば、どんな不幸な挙国一致がこれからも現れてこないものでもない」

柳田はここで、挙国一致を推進する言葉だけが唱えられたのは、考え方、言い方の修練の機会、つまり教育の機会がなかったからだと考えている。この発言を読み解く上で、柳田が1949年に歴史学者、家永三郎との対談（『日本歴史閑談』）で、「反省」しなければならないことについて語っている言葉が補助線になる。彼は、日本人の結合力の源泉は、「孤立の淋しさからきている」と語っている。1人になりたくないから、わっと結集する。

「一番私が反省しなければならぬと思ってしょっちゅう若い諸君に話しているのは、日本人の結合力というものは、孤立の淋しさからきているのですね。そのためにみなのすることをしないでおっては損だという気持が非常に強いのです」

　これは今の時代にこそ響く言葉だろう。「孤立の淋しさ」から、「一種の言葉」だけに結合した先にやってくるのは、「不幸な挙国一致」でしかない。そうであるならば、別の言葉を言えるような教育が必要なのではないか。柳田は敗戦から「国を健全なる成長に導くがために」（『喜談日録』）一貫して、そう考えていた。だからこそ、言論の自由にとって大事なのは「誰でも」なのだ。だが、「誰でも」ＳＮＳで発信できる時代にとって、大事なのはここからだ。

「もしもたくさんの民衆の中に、よく口の利ける少しの人と、多くの物が言えない人々」（喜談日録）がいたらどうなるのか、と柳田は問う。有利なのは、当然ながら口が利ける人のほうだ。うまくものを言う人が、よいに決まっている。前者ばかりが良い思いをする世の中は、全員が黙らされていた軍国主義時代の日本よりもかえって不公平が進む。そして、彼は「代弁」されることの危険性について警鐘を鳴らす。

「あなたの思うことは私がよく知っている。代わって言ってあげましょうという親切な人が、これからはことに数多くなることも想像せられる。そういう場合にどこがちがう、またはどういうのが最もわが意を得ているを決定するには、まずもって国語を細かに聴き分ける能力を備えていなければならぬ」

「ある少数者の異なる意見というものは、国に聴き方の教育が少しも進んでいないために、抑圧せられるまでもなく、最初から発表しようとする者がなかったのである」

柳田は日本に蔓延《まんえん》する付和雷同、弱いものが強大なものに従い、大勢にいることを良しとする事大主義を強烈に批判してきた。だからこそ、誰かが「私」の言葉を代弁しようという時、その人は本当に「私」の言葉を代弁してくれるのか否かを見極めるための、「新しい」教育が必要だと主張してきた。誰もが発信できる時代にあって、大事なのは「聴き分ける」ことだ。

現在の新型コロナ禍を振り返ってみよう。このような危機の時代になればなるほど、「苦しんでいるあなたの立場に立ちましょう」「国民のために頑張る」という代弁が跋扈《ばっこ》する。科学者も科学的な見地からの発言を超えて、直接、国民に危機を語りかけ、行動を変えよ、期待した数字がでていないと言う。聴き分ける力がなければ、より強大な力にしたがっていくことになる。

柳田の教科書はあまりの独自性のために、大きく広がったとは言いがたい。マーケット的には失敗として記録された。だが、その原点にある問いそのものはまったく古びていない。そして、私が自分なりに問いを受け取ることができたのは、現地に行き、そこで現物を見たからだろう。一冊になったまとまった教科書を見ることで、「ことば」の問題にかけた「ことば」以上の熱を感じることができた。「言う」ことと、実際に「やり遂げる」ことは違う。柳田は確かにやり遂げた。

そして、それは「奇跡」という言葉への違和感をたったひとりで表明した釜石の木村正明の姿と、どこか通じるものがあるように私には思えるのだ。もちろんこれは私が勝手に思ったことであり、柳田や木村の思いはまったく別かもしれない。だが、それでいいのだ。以前、東浩紀は私にこんなことを語っている。

《僕たちはたまたま、この時代、この世界に生まれてくる。人間は偶然から逃れることはできません。保守は、人間の社会とは偶然に満ちていて、自然にできてくるから変えられないと考えています。逆に左派は「偶然」や「自然」ではなく、社会は計画的に設計できると考えています。

僕は、人間の社会は確かにたまたまできあがったものであると考えている。

しかし、たまたまできたものだからこそ、大した意味はなく、いくらでも変えることができると考えるのです。社会は偶然でできてはいるが、しかし必然ではない。僕はこれがリアルな人間社会だと思っています。人間は生まれてくる世界を選ぶことはできないけれど、観光客として行き先を選ぶことができる。》

先にもあげた東の哲学において、極めて重要なタームの一つに「観光客」そして、「郵便的」がある。現地の人（＝村人）には当たり前のことでも、「観光客」がみると驚きがある。

観光客は普段、自分が生活しているエリアの外にでかけていき、そこで普段と違うことを、さしたる必要性もないままにやってしまう。ビジネスのことも考えず、世界中を行き来しながら、儲けよりも楽しみを優先する。自分の楽しみだけで行ったつもりで、予期しない可能性、偶然のコミュニケーションに開かれている存在になる。

哲学の言葉で「郵便」というのは、例えの一つで現実の郵便とは違う。郵便には間違って配達されてしまう「誤配」がついてまわる。人間が何かメッセージを発すれば、意図通りに受け取られないことは多々あることの比喩だと思えばいい。現実に迫ろうとする、取材も「誤配」に満ちている。多くの人間にとって、想像力とはおよそ限定的なものだ。VR（バーチャル・リアリティー）やビデオ通話システムといったテクノロジーがいくら発達しても、埋めることができない何かが残る。それが偶然性と現場だ。私は偶然から、木村の存在を知り、スタジアムをもう一つ別の角度から考えることができた。それも遠野の取材ともつながるものを見ることができた。

現地に住む当事者でもなく、まったくの第三者として訪れる私は、観光客のように、ふらりと呼ばれた場所や自分が気になった場所に行き、その場で見えたもの、話を聞いた人から、再現不可能な偶然の出会いから何かを考えようとする。それこそが取材の価値だ。不要不急であるからこそ、偶然に開かれる。誤配を受け取る私は、まだまだその価値に賭けてみたいと思うのだ。

第3章　理解、その先へ

1

「私自身がずっと差別をしてきたんです。小学生の時に広島や長崎の人たちのことを怖いと思っていました。ずっと思っていました。大人になっても放射能の影響があるんだ、あそこは死の街で本当は怖いところなんだと思っていたのは私です」

意外だった。2020年2月、福島県郡山市のコワーキングスペースの一角である。木目が美しいフロアで訥々《とつとつ》と語った彼は、ツイッター界隈のちょっとした有名人だった。中通り（福島県の中部、太平洋側内陸の地域）に住む商店主でありながら、内側から見た「福島差別」にあたる言説を片っ端から批判するライターとしても界隈では知られていた。彼は自分を福島県に住む「当事者」として規定して、福島第一原発事故以降、福島のデマと誤解を徹底的に批判し続けてきた。私は、そんな彼の言葉は正しいけれど、どこか馴染めないものを感じて距離を置いてきた。直接、彼から私の記事を批判されたこともあるのだが、それ自体はさほど大きな問題ではない。スタンスの違いというよりも、彼の立ち位置の無邪気さがどうにも気になってしまったのだ。

彼が憤ってきた理由はよくわかる。リベラル系メディアを中心に、「フクシマ」という表記を好んで使いたがる人々がいる。これには「ヒロシマ、ナガサキ」と福島を同一視し、福島を「悲劇の地」として記憶したいという文脈がある。だが、本当に「福島」は悲劇の地なのか。確かに福島第一原発（通称1F《いちエフ》）が立地していた浜通り（福島県沿岸部）の大熊町と双葉町を中心にいまだに多くの地域が帰宅困難区域に指定されてはいるが、福島県全体には住民が住み、生活をしている。

それにもかかわらず、たとえば、福島市で震災前からずっと続いてきた東日本女子駅伝を開催した際に、ある著名ジャーナリストは「殺人駅伝」と発言した。放射性物質が飛散した地域に「人流」が生まれること自体が許せないという主張である。東京では、反原発を掲げるデモのなかに「フクシマには住めない」「フクシマではガンが増える」「生まれてくる赤ちゃんに奇形が多発する」「フクシマの人とは結婚できない」といった、心無い主張をする人々も確かにいた。ここに挙げたすべては科学的なファクトから否定できるものだ。彼の思いは、純粋な地域愛と間違った言説を流布されるのは許せないという典型的な正義感からきていると私は思っていた。

地域に対する愛も正義感もファクトの正しさも、人間を苛烈な行動へと駆り立てる原動力になる。

彼の言葉は典型的なファクトチェックのジレンマに陥っていた。ファクトは確かに重要だが、ファクトだけで人は動くわけではない。そして多くの人は生活を取り戻そうとしており、過度に福島第一原発事故と自分が住んでいる「福島」を結びつけられることを嫌がる。だが、デモに参加した福島から自主的に「避難」してきた人たちが語る「もう住めない」には、別の文脈も重なる。彼らは戻ってもサポートがない苦しさを語っているのかもしれないし、「あの大変なときに『逃げた人』」として見られてしまう現実を思い起こしながら、「もう住めない」と言っているのかもしれない。言葉と文脈は切り離せないものなのに、常に切り離されていく。

正しさ、正義感は「敵・味方」を切り分ける力も持っている。ある時から福島について、自分の意に沿わない言葉が出てくると、「福島について何かを語りたいなら現地に住むか、来てから言え」という言説が公然と唱えられるようになった。彼もまた積極的にそうした声を拡散してきたひとりだ。彼も含めて、ツイッター上には、自らが当事者であること、そして科学的な正しさを前面に押し出し、自分たちは福島の「思い」を代弁できると振る舞う人々がいた。彼らが考える正しい福島像に合致する言葉を言ってくれる人は「味方」、間違ったことを言えば容易に「敵」になる。

私が彼を含めてツイッターの「声」から距離を置こうと思ったのは、そこに気が付いてからだった。彼らは「敵」に勝つための議論に終始する。敵は反原発運動であったり、東京に住む意に沿わないことを言う人々であったり、時にリベラル系メディアかもしれない。勝つための議論にもやはり落とし穴がある。カーネギーメロン大学のマシュー・フィッシャーらの研究（日経サイエンス２０１８年６月号『勝つための議論』の落とし穴」）をおさえておこう。

フィッシャーたちはアメリカでもＳＮＳで相手を言い負かすための議論が広がっていると指摘する。彼らは「勝つための議論」と異論から「学ぶための議論」を切り分け、それぞれに検証を加えた。研究で分かったのは、勝つための議論をすればするほど、人間は単一の客観的に正しい答えがあると強く信じてしまい、異論は間違えているという傾向が強まったことだった。逆に異論から学ぶための議論に加わると、異なる答えも違いとともに認めるようになる。勝つための議論を続けても視野が狭くなるだけで、一方、学ぶための議論を続ければ世の中の多様性を認められるようになる。どちらがいいかと言われれば、私は複雑さを知るための後者の議論のほうに可能性を見出す。

2

この章の冒頭の発言を聞いたのは、まさにそのような「学び合う議論」の場であった。２

020年1月17日、吉川彰浩からこんなメールが届いた。

「2月11日に郡山で東京からは資源エネルギー庁の廃炉担当者も含めて、県内からもいろいろな方に参加してもらって、胸襟を開いて、原発の廃炉について未来を語りあう会を開きたいと思っています。ぜひ参加してもらえませんか? 取材でということでも構いませんが、まずは議論の参加者として入ってください」

吉川は私の最初の著作『リスクと生きる、死者と生きる』(亜紀書房、2017年)でも登場している元東京電力社員で、2011年3月11日に福島第二原発(通称2F《にエフ》)内にいた人物である。彼は福島第一原発に勤務していたこともあり、このときには福島第一原発の廃炉と地域の未来を考えていこうと一般社団法人「AFW」を立ち上げ、ワークショップを開いたり、冊子を作ったりと活動を続けていた。

東京からも参加しやすいように新幹線が止まる郡山を選んだのだろう。断る理由はないし、何より吉川がちゃんと活動を続けていることが私には嬉しいことだった。初めての取材からなぜか不思議と縁があった。新聞社からインターネットメディアに移籍して、記者をやっていたときだった。ある日、私がめったに用事がない日本橋にたまたま取材が入り、一仕事を終えて駅に向かって歩いていた。飲み物を買おうと入った店はドラッグストアで、大通りに向かって大きなガラスが設置されていて外から店内が見渡せるようになっていた。ふと視線を感じると、大通りに見知った顔がある。「まさか福島の、それも沿岸部浜通りに住んでいる人がいるわけがないよなぁ。他人の空似だろう」と思い商品に視線を移しかけたが、今度は見知った顔の主が手を振っている。これは、と思い店の外にでるといつもの調子の吉川がそこに立っていた。

「石戸さーん。もうなんで気づかないのよ。俺だよ、俺」

「だって、吉川さんがいるなんて思わないですよ。なんで日本橋にいるわけ？」

「いろいろあるのよ、俺も。ＡＦＷの関係で、ちょっと東京で回らないといけなくてさ」

彼もたまたま活動の一環で、都内の関係者を訪ね回る日で、最後に回ったのが日本橋だったという。こんな偶然は滅多にあるものではないし、路上で立ち話もよくないだろうということで、そのまま彼と一緒に日本橋の居酒屋になだれ込み、酒を酌み交わしながら、お互いの近況を語り合った。話の中身はもうすっかり忘れてしまったが、最後にこんな約束をしたことだけは覚えていた。

「やっぱり廃炉はこだわって活動していきたいんだ。俺もしっかり仕掛けていくから、石戸さんには活動を見ていてほしい。それは違うんじゃないかということも含めて、何でも言ってくれるとありがたいな」

「もちろん約束しますよ。廃炉は未来に向けた活動ですからね」

酔っていたせいもあってか、それまで見たことがないくらいの笑顔を浮かべた吉川とがっちりと握手して、その日はお開きとなった。そんな吉川からの依頼でもあったので、私はかっての約束を思い出しながら、二つ返事で参加すると返した。

＊

吉川は1980年、茨城県常総市《じょうそう》——当時の水海道市《みつかいどう》——に生まれた。母子家庭で、生まれたときから家に父親はおらず、母親が一人で育児をした。地元の高校への進学を希望したが、進学資金は足りず、母親が見つけてきた進学先は「東電学園」だった。今は閉校しているが、当時東京都日野市にあった職業訓練を兼ねた高校で、現場で活躍する社員を養成するために東電が運営していた学校である。

最初こそさりげなく「こんな学校もあるよ」と薦めていた母親は、やがて真剣な表情になり東電学園に進学するように話をしてきた。そんな変化を彼自身も肌で感じ取る。実家に地元の高校に進学させるだけの体力はなく、高卒資格と就職先までセットになる学校を見つけてきたことが母親にとっては親心である、と。ある時期まで、地方の貧困世帯を東京電力が救っていたのは紛れもない事実である。

吉川にとって、学園時代に見学に行った原子力発電所は、憧れとプライドの持てる職場だった。構内に入り、巨大なタービンを目の当たりにする。彼はここで学園がある東京の電気を作り出しているのかと思う。都市の経済活動を支える大動脈であり、経済と暮らしを支えているという自負、言い換えれば自分が社会にとって役に立てると思える場所、それが原発だった。彼にとって福島が職場になったのは、母親が一人で残った実家からほど近いとは言えないが、いざとなればすぐに駆けつけられる距離に原発があったというだけだ。

彼が配属された福島第一原発で驚いたのが、現場を飛び交う専門用語だった。

「ＰＣＶが〜」「ＲＰＶが〜」という言葉が当たり前のように頭上を飛び交い、新人はいちいち、その言葉の意味を確認する。ＰＣＶは原子炉格納容器で、ＲＰＶは原子炉圧力容器であり、原発で働くためにはこれらの用語を暗記し、すぐにわかるようにならねばいけないということをここで初めて知る。そこには高卒も、大卒も大学院卒も関係ない。新人は３交代の勤務で、指導係の先輩がついて、昼間は現場の仕事を覚え、夜は専門用語の勉強が義務付けられる。班を作って、１問１点で１００問、１００点を全員が取るまで終わらない日もあった。数百に及ぶ専門用語、用語の意味、実際の動きや操作に至るまですべてが課題になり、すべてを覚えさせられた。

理由は二つある。第一に吉川の仕事は原発の保守管理、運転管理であり、個々の機器の点検については、専門的な知識を持った「協力企業」の仕事になる。個別具体的な機器を任せるにしても、任せるためには全体像を把握し、何をどう任せるのかを指示する必要がある。「とりあえず、よろしく」では物事は前に進まず、何をどう、というレベルまで落とし込んで点検計画を立てなければならない。そのために必要なのは知識だ。

第二に事故対応である。昔のインタビューテープを聞き返してみる。彼はこんなことを言っていた。

「言葉を覚える理由は単純で、事故が起きた時に素早く動けないからです。言葉を覚えることはもちろん大事なのですが、それより大事なのは、それぞれの名前のついた機器がどういった安全の機能を持ち、複雑に絡みあっているのかを知ることです。安全のために言葉の意味を理解することが必要だという認識です。そして、なにかあった時に、現場にすぐに駆けつけるため、広い原発の敷地内のことは、全部頭に入っていないといけません。そうしないと、いつまでも、地図を片手にちんたら現場に向かうことになります。それで、手遅れになったら誰が責任を取るのですか、という話なのです」

私はこの言葉を聞きながら「事故対応？　事故は起こるかもしれないという意識で臨んでいたということですか」と反応している。

「もちろん」と吉川は言った。「石戸さん、福島第一原発事故クラスの事故が起きるかどうかを想定していたかと言われたら即答ができる人は少ないと思う。でもね、原発に限らないけど、多くの発電所にとって事故は当然起こりうるものなんです。こんな細かい機器が複雑に動いている。シビアアクシデントを起こさないためにも、小さな事故から徹底的に防ぐことが大事なの。それでも起きてしまうもの、として動くことも同じように大事なこと」

「じゃあゼロリスクはあり得ないと思っていた？」

「もちろん事故ゼロを目指すけど、リスクはありますよね」

吉川の理解を超える日々が始まったのは、２０１１年3月11日からだった。最初はごぉーという大きな音が聞こえた。当時の勤務先、福島第二原発は高台を林に囲まれている立地ということもあり、彼が真っ先に疑ったのは、大地震による土砂崩れだった。現実的である。確かに普通の揺れならば、真っ先に想定するものだ。だが、揺れからして普通ではなく、その後の出来事はすべて想像の埒外だった。彼が聞いた音は津波のそれであり、福島第二もまた福島第一と同じような事故が起きるリスクを抱えた数日を過ごすことになる。

地震と津波で一時的に避難していたグラウンドから引き上げ、津波で水浸しになった構内を歩いて回った。吉川の記憶はここから飛び飛びになる。

原発構内では、当時、第二原発の所長だった、増田尚宏が全体ミーティングを開き、原発がいかに危険な状態であるかを説明した。その時、増田は協力企業の人々――彼らの多くは地元住民である――も含めて「町の状況は知っています、ですが皆さんに残って頂きたい。人数が必要です」と訴えたという。協力企業も含めて、ここにいたのは原発を支える広い意味での〝同僚〟だった。同僚に対して、増田が非情な決断を求めていることは、吉川にもよくわかった。

彼も高台から何もなくなった町の様子は見ていた。一変した町を見て、突っ伏してしまい、まったく動けなくなってしまった同僚がいた。嗚咽をあげ、泣き崩れたままの同僚がいた。どうしても家を見に行くんだと言い張った同僚がいた。気絶したように倒れた同僚がいた。事情がわかったのか、突然大きな声を出してそのまま泣き出す同僚がいた。彼らは自分の家があった場所を見ながら、抑えきれない感情をむき出しにする。

そして、目の前ではシビアアクシデントの中で、職場に残ってほしいという要請がある。職場は先が見えない、大事故のリスクを抱え、家族がいるはずの場所、家があったはずの場所がなくなる。この中で正常な精神状態を保てる人はいない。

「よく原発事故の訓練はしていたのか、と聞かれるんですよ。石戸さんも気になるでしょ。事故の訓練はさっきいったみたいに想定はしていたよ。でも問題はそこだけじゃないんだなと思いました。はっきり言って、事故が起きたあとの作業員のメンタルまで想定した訓練はできないとそこで思いました。みんな同じ人間が、精神的な変化がなくて事故対応できると思っていたんです。自分もそう思っていました。でも、3月11日で考えは変わりましたね。目の前の事故だけでなく、家族を失っているかもしれない、まったく安否がわからないという状況で、まともに仕事ができるという人はどれだけいるのでしょうね。あの事故の現場を完全に想定した訓練なんてできないんですよ」

1Fで事故が起きたことは、ラジオやテレビからも伝わっていた。放射線量も高くなっていたことでわかっていた。吉川が1Fから2Fに異動してきたのは、事故の3年弱前だったので、1Fの仲間の顔も覚えていた。

1Fから2Fまでの距離は約10キロで、海側からは1Fが見える。彼は3月14日に起きた3号機の水素爆発もその目で見ている。第一原発からはけが人が搬送されるという情報も飛び込み緊迫の度合いは高まっていた。

1Fの社員・作業員はすべて放射性物質で汚染されているものとして扱われた。現実に汚染レベルもとても高いもので、見たことがない数値が記録されていた。普段の原子力発電所は放射線による汚染についても厳重かつ徹底的に管理されているが故に、数値的には大きな問題がないまま終わる。普段の作業の被ばく量はたいしたことがないからこそ、吉川は目の前の跳ね上がった数字に驚く。彼らの被ばく量が、原発事故の現実なのだ、と思ったという。

かつての仲間たちではあっても気軽に声をかけることも、接触することもできない。徹底的に隔離し、近づかないことが求められた。1Fからやってくる作業員たちは体育館で寝泊まりが命じられ、話しかけることも禁じられた。吉川たちは事務所で寝泊まりできたが、彼らがいる体育館は事務所よりも寒く、そして初期は毛布も物資もまともに用意することができず、もっとも過酷な作業をする人々が、もっとも過酷な場所で寝泊まりをすることになっていた。事務所のガラス越しに、彼らの姿を見る。日に日に、げっそりとして、下を向いて歩くかつての同僚の姿が映っていた。

励ますにも、励ませない。吉川が近づくということは、余計な被ばくをすることを意味している。2Fは3月11日から5日間で1号機から4号機まですべて事故なく冷温停止状態に持っていくことができたが、だからといって人が足りているわけではない。吉川にできるのは、隔離を余儀なくされている同僚たちをただ黙って見守り、目の前にある仕事をすることでしかなかった。

人間にとって辛いのは、何かをしたいのに、何もできないという現実を突きつけられることだ。1Fに行きたいと言えば格好はいいが、それは2Fの危機を放棄するということに他ならない。彼らを励まそうとすれば、それは被ばくリスクを高める素人のような行動になる。1Fのためにできることは何もしない、ということだけなのだ。

吉川の妻は浪江町に実家があり、彼が行きつけにしていた居酒屋で働いていた。双葉町に住んでいた義理の祖父は避難生活が続く中、亡くなった。すぐに双葉町にあったお墓にお骨を納めることは叶わなかった。原発事故が原因だ。彼はやがて、自分が憧れていた原発とは一体なんだったのかを問い続けるようになる。地元の人々は、何の土地勘もない吉川をあたたかく迎えてくれた。新しい家族もできた。出会いを作ってくれたのは間違いなく原発だが、そんな人々たちの暮らしを壊し、追いつめたのも原発だ。

原発のリスクというのは健康影響だけではない。健康影響だけでなく、当たり前の暮らしを壊すこと。これが最大のリスクなのだという思いを強くする。

2011年の夏ごろから、社員や協力企業の方からこんな話を聞いた。

「東電社員だからって理由で彼女とわかれることになりました」「放射能がうつるって。子供ができたときに不安だからって」「結婚はやめようといわれました」「親父が原発で働いていると、娘が結婚もできない」

人間の心はもろく、そして繊細で弱い。それまでの人生を否定されるような言葉を投げかけられた彼らは「ごめんなさい」と言って、職場を去っていった。妻と出会うきっかけを作ってくれた居酒屋の女将さんも地元を離れた。今までの生活は人とともに散り散りになって、吉川にとっての地元がなくなっていく。そして、社員はいたたまれないバッシングを受ける。

吉川は2012年6月に10年以上働いてきた東京電力をやめた。もっと作業員の現実や地元のことを伝えたいと思ったからだ。社員という肩書きではできないことをやろうと決めた。それがAFWという団体につながり、2020年へとつながっていく。

3

2月11日――郡山駅から徒歩15分ほどのところにあるコワーキングスペースには15～16人が集まっていた。福島県沿岸部の精神科医、福島での出来事を綴ってきた文筆家、それに冒頭でふれたライター、県内の高校教諭、都内からやってきた官僚……。吉川が東電をやめてから付き合ってきた人々の幅広さがわかる人選になっていた。廃炉に向けた「コミュニケーションの場」を行政が主導して作れば、自治体の関係者や業界団体の要職、地元の顔役、大学の教授陣、東京からやってくる専門家といったおきまりのラインナップになる。だが、吉川が入ることで、人選はより多様になる。私に送られてきた案内状にはこう書かれていた。

《この双方向コミュニケーション事業では、初年度から今年度まで、一貫して一般社団法人AFWがコーディネーター・アドバイザーとして関わってきました。(中略)さあ、では集まって話し合ってください。というフリーディスカッションではなく、参加される皆さんがお話しし易いように、内容を作らせていただきました。

・導入　AFWと資源エネルギー庁からご挨拶

・2班に分かれて自己紹介

自己紹介の内容　名前、普段のお仕事、自身の廃炉に対しての捉え方

・ディスカッション

自身の廃炉に対しての捉え方をディスカッションの種に話し合う

・ディスカッション（2）ふりかえり

他の参加者の話を聞いてどうか、こうしたコミュニケーションの場への感想と期待》

木目を基調としたコワーキングスペース内の会議室で、吉川が常に強調していたのは、この場は答えを出す場でもなく、結論を出す場でもなく、自分の意見を言い、他の人の声を聞

く場であるということだった。決して多いとは言えない15～16人に参加者を絞り、さらにそれを二つの班にわけて、人を入れ替えながら、意見を引き出す。

人々がぎゅっと集まり、密接な距離になることで、リアルで他では聞けない声が交差する場となった。

4

そんな場に触発されたのか、私がファクトチェックのジレンマに陥っていると思っていたライターは、7～8人が囲んだテーブルを前に、次のように自分の考えを語った。生来、コミュニケーションが苦手で、人前で話すと緊張してしまい、赤面すると語っていたが、この日はまったくそのような様子を見せずに、自分の思いを伝えていた。

――原発事故と廃炉については、私は複雑としか言いようがない思いを持っています。廃炉に関しては、私たちが次世代に残してしまった負の遺産であることは間違いありません。これは恥ずかしいことです。福島に生まれ育った人はわかるかもしれないと思いますが、生まれ育った土地や、地域に根ざした産業は誰のものでしょうか。これは自分たちのものではなく、先祖から借りていて、次の世代に渡していくものです。私たちは土地を借りているだけで、綺麗な状態で、少しでもいい状態で次世代にちゃんと渡さないといけない存在なのです。

ですが、廃炉作業というのはどうでしょうか。これはまったく私たちの考えている理想とはかけ離れています。放射性物質が土地に飛散してしまったことは、間違いない事実です。せめて、ちゃんと片付けた状態で引き渡したいと思っていましたが、現実的にそれも難しいでしょう。次の世代に、課題ごとを引き渡すことになるのです。これでいいのかと言われれば、私は当然だけどよくないと思っています。原発は賛成するか、反対するかにかかわらず誰もが受益者ではなかったかと考えています。福島第一原発は、東京に電気を送るために作られたものですが、一時期まで東京の発展は日本の発展であり、その恩恵は地方にも波及するとみんなが信じていましたし、実際に原発が産業として地域の雇用も生んでいました。反対していたからといって、恩恵を受けていなかったという人は東京にはいないはずです。

私たちの世代で事故を起こしてしまったのに、廃炉について考える機会があまりにも少ないと思います。廃炉というのは次の世代に片付けを押し付けることです。直接的な利益を受けていない世代に、自分たちでできなかったことを押し付けることです。そうであるならば、できる限り自分たちの世代で後片付けをして、引き渡していかないといけないはずです。恩恵を受けてきた世代で考えないといけないはずです。

原発事故が起きたと聞いたとき、私は屋内に退避しました。そこで真っ先に思い浮かんだのは、漫画『はだしのゲン』の中で、原爆投下直後に広島の遺体処理に入った兵隊さんが急性放射線症で亡くなっていく場面です。目に見えない放射能が漏れ出していることはわかっていましたが、当時の私は笑ってしまうくらい知識がなくて、福島中が急性放射線症になるくらいの放射性物質が降ると思っていたんですね。これはありえないことです。『はだしのゲン』で描かれた原爆投下直後の広島と福島では、桁がいくつも違っていて急性放射線症が起こるわけがないんです。

当時は余震もひどくて、毎日のように大きな地震が福島各地で続いて、揺れを感じる時間が長くなっていたように思えました。あぁ自分はもう死ぬんだ、と考えていました。余震は続き、原発事故も起きた。ここで自分が死ぬと思ったら、自分の人生はこのままでいいのかと本気で考えました。何もせずに、無駄死にするのか、何か社会のために、世のため人のためになることをして死ぬのかどっちがいいんだと思ったんですね。

思い返せば『はだしのゲン』を小学生のような知識がない状態で読んだら、どうなるかを身を以て体験したわけです。私は広島と長崎にいったら今でも放射能が残っていて、それで死ぬかもしれないと思っていたんです。恐怖を感じていました。本当にバカバカしいことで、私自身がずっと広島と長崎を差別してきたんです。これは、福島でも絶対に同じことが起きるのではないかと思いました。私が知らぬ間に広島と長崎に差別感情を持ったのと同じように、福島の子供たちも、次の世代の子供たちも差別されるんだと思いました。

これは次世代に残してはいけない。風評、偏見、差別は「人災」なんだから自分の世代で片付けられるテーマです。次世代には、私が漫画を読んで得たようなイメージだけが残るんです。だからこそ自分たちの世代で心無い福島へのデマやバッシングは片付けないといけないのです。――

この言葉を聞きながら、私は内心驚き、そして自らの不明を恥じることになった。

私は彼のことを、いくつかの点で決定的に誤解していた。彼が福島に対するネガティブなツイート――そこには、明確な誹謗中傷から個人の感想までグラデーションがあったが――を片っ端から批判しようとしていたのは、彼なりの正義感に基づくものだと思っていた。だが、そこにあったのは自責だ。それも小学生時代の無知からくる「放射能」への偏見がもとにあり、彼なりの歴史があった。なぜ、そう考えるに至ったのか。個人の歴史を丁寧に見ていかない限り、見えてこないものがある。

私は、彼の動機を見落としていた。だが見誤っていたのはむしろ、私自身の心の変化だ。彼の過去を知れば、多少、その言動に対する見方も変わるかと思ったが、そうした変化はまったく無かった。彼の個人史を知った後、その見解について共感するとか、賛同するとかいうことは一切無かった。今もツイッターで相変わらず激しい意見を書き込むのを見たり、ナイーブな発言を繰り返していたりするところを見ると「考えが違うな」と思い、そのままネットを閉じることも多い。ファクトチェックのジレンマに陥っているという見解もなんら変わっていない。

だが、それがいいのだと思う。

人に会うということは、自分の意見や見方が変わること自体を目的にするものではない。背景を知ることで、言葉の受け止め方に変化が生じるかもしれないが、それは結果でしかなく、大事なのは自分とは異なる歴史を抱えた人に会うこと、そのこと自体にある。会うことによって、私はウェブで発信するユーザーではなく、歴史を持った人間を発見していく。ＳＮＳで考えが違う人々に対して、強い言葉を書き込む彼もまた人間であり、弱さも抱えている。「生まれ育った土地や、地域に根ざした産業は、自分たちのものではなく、先祖から借りていて、次の世代に渡していくものです。私たちは土地を借りているだけで、綺麗な状態で、少しでもいい状態で次世代にちゃんと渡さないといけない存在」だという歴史感覚を持っている。

意見は違うが、だからといって切り捨ててはいけない。

私は彼と出会うとは知らずに会場に行き、名前を見て「うわ、やってきたのか」と思い、少しばかり緊張し、同じテーブルを囲んだ時には「彼に突っ込まれるような失言をしないようにしよう」と警戒した。彼が最後に「長々とお恥ずかしいものを聞かせてしまってすいません」と控えめな調子で謝っていたが、彼の個人史は、私にとって「理解できない人」だという思い込みを解く最初の接点になった。これが「学び合う議論」の効用だ。

これが「東電処理水の海洋放出は是か非かを問う」といった賛否を問うテーマの会合だったら、私は彼の意見をただ聞くだけで終わっていただろう。もしかしたら、意見が合わないと思うだけで終わっていたかもしれない。主張をぶつけ合うのではなく、個人史から語り合う場を設計してもらったことが良かったのだ。

終わってから、主催者の吉川にそんな感想を伝えると、彼はにこっと笑いながら「それが狙いなんだ」と話してくれた。私のような東京を中心にしたメディアで活動している人や東京に拠点を置く官僚や研究者など、他地域の人々を意図的に混ぜることで、誰もが自己紹介から始めないといけなくなる。隣に座っているのは誰だかわからないから、言葉も丁寧に選んで話すところから始まり、徐々に打ち解けて共通のテーマ、この日なら「廃炉と地域の未来」といった抽象的なものについてSNSや仲間内とは違う話題に踏み込んで話すことができるようになる。結論を出すよりも、実はそこが大切で、同じテーブルを囲む以上、激しいことは言えなくなる。

吉川の活動からは、個々の歴史を知ることで、やっと未来を語り合う土壌が生まれるという信念に近いものを感じていた。ここに2011年からの変化がある。

5

2月11日の会合を終えて数ヵ月後、吉川から一冊の本が送られてきた。『福島第一原発と地域の未来の先に…〜わたしたちが育てていく未来〜』と題された一冊である。一冊、といってもわずか30ページで、２０００年からＩターンでいわき市に住んでいるというイラストレーター・ユアサミズキとともに仕上げた冊子というほうが適切かもしれない。パラパラとページをめくって、あれっと思った。

これまでの彼の伝え方とはまったく違うアプローチになっていたからだ。その中身は、吟味され、手に取りやすいものになっていた。今までの彼ならば、知識をどれだけ詰め込んで伝えるか、彼が一作業員として誇りを持って働いていた発電所から、廃炉を目指す原発になった理由と状況など、細かい知識まで知らずして問題を語ってほしくないという思いが先行する冊子になっていただろう。福島第一原発構内を取材中に彼と出会い、初めてインタビューをしたのは２０１６年だった。出会ったばかりのころの吉川は、いかに知識が大切かを説く人だった。取材資料にはこんな会話の記録が残っている。場所はＪＲいわき駅から徒歩で数分の小さな喫茶店である。

「今は、ＡＦＷを立ち上げて、私は廃炉の勉強会、避難している地域住民の方を中心にした原発内の視察、その前後のワークショップを企画しているところなんです。私は原発の中を、もう何度も視察しましたよ。現場は行くたびに変わっていて、廃炉は少しずつだけど、でも確実に進展しているんです。何度も行けばわかりますよ」

「そんなもんですか。確かに変化はニュースになりにくいですね」

「でも、メディアの人はそんなことは取り上げないで、問題ばかりを取り上げるでしょう。私はこれがおかしいと思っているんですよ。現場の進展も取り上げないと廃炉に関わっている作業員は本当にしんどいと思います。福島を悪くしたい、これ以上大変な思いをさせたいなんて思っている人は現場には誰もいないんです。原発はこれまで住民不在だって言われてきたから、私はそれを変えたい。そのために、廃炉現場を見せる必要があると思うんです。実際に、どんな思いで廃炉をやっている人がいるのかがわかることが最初の一歩になるから」

「でも、メディアも含めてなかなか廃炉作業には足を運べないのが現実ですよ」

「その通りです。福島に住んでいる人や、あるいは避難生活を送っている当事者ですら、原発の中で何が起きているか知らないんですよ。すごく基本的なことも知らないまま。1日に約7000人が廃炉作業で働いている巨大な現場であること、このうちの45％前後が福島県内の作業員であることも知らない（※数字はいずれも当時）。結局、福島第一原発と住民との距離感は、事故前と変わっていないんです」

「つまり、近くにあるのに遠い存在。誰かやってくれているだろうということ？」

「はい。私や一緒に働いていた同僚は、原発は社会から預かっていると思っていました。しかし、実際は住民不在のまま『私たちの判断』で動かしていたんです。本当に安全なのかという問題も、東電は『私たちが安全と言うから安全です』という態度で、町の人は『東電が安全と言うんだから任せよう』となっていました。それを信頼と呼んでいたんです」

「吉川さんはそれを信頼と呼んでいいと思っていますか？」

「うーん、住民の方は確かに信じてはいたでしょう。だから裏切られたという声が多い。でも信頼は、事故の抑止にはつながりませんでした。これって信頼と言っていいかはわかりません。本当は空気と呼ぶのがふさわしいでしょう。心から東電を信じて頼っているのではなく、空気を読んで信じると言っているにすぎません。廃炉でも、それを続けていいのかと問われたらやっぱり違うだろうとなります」

　具体的なデータや、構内の図を描きながら吉川は社会に伝わっている知識が少ないことを嘆き、時折、少しばかり苛立っていた。基本的な知識が伝わらなければ何も始まらない、自分にはその知識があるという姿勢を強調していた。

　5年後の吉川が作った冊子は、そのスタンスが決定的に違う。知識を強く前面に押し出したものから、知識は考える素材程度のものだと割り切ったものへと変わっていた。原発の基礎知識を知らないことが悪いのではなく、地域に暮らす一人として、地域の歴史を掘り起こし、ありたい未来から伝わる方法を考えるというスタンスへ。歴史への感覚を忘れない一人として伝える、というスタンスへ。

彼の変化を象徴するのは、冊子の第1章と最終章となる第6章だ。第1章は原発が建っていた土地の歴史から始まる。現在の福島第一原発は福島県大熊と双葉両町にまたがる土地の上に建設されたものだ。ここは元々、海に面した断崖絶壁で、戦前にはわずか11軒の集落しかない土地だった。ここに目をつけたのが旧帝国陸軍だ。1940年になり、陸軍が飛行場の建設を決め、急ピッチで準備が進んだ。国策により農家は移転させられ、周辺の住民たちは飛行場建設に駆り出された。この飛行場で繰り返されていたのは、特攻隊の訓練だ。

上下に2枚の主翼がある練習機は「赤とんぼ」と呼ばれていた。近隣の住民が「赤とんぼ」を見かけたという証言が残っている。陸軍は目標となる漁船を目がけ急降下し、また急上昇して、急降下するという訓練をしていたという。地域の人たちは、各地から集まった若者たちに風呂を提供し、多くの子供はヘルメット姿に憧れたという話もある。

戦後、この土地は海から汲み上げた海水を天日干しする「塩田」が作られ、地域の産業になるかと思われた。だが、時代は移ろい、やがて閉鎖されていく。原発ができる前の地域産業といえば、林業や農業、畜産といった第一次産業ばかりだった。海に面しているから漁業はどうかといえば、断崖絶壁のため、沿岸漁業が盛んなリアス式海岸が広がる東北の他地域のように発展することはなかった。道路整備も遅れ、原発ができる前は「交差点で子供達が野球をしていた」という話があるくらい、車の往来も少なかった。地域から東京に出稼ぎにいかなければ仕事がない時代、ここは高度経済成長からも取り残された土地として残っていった。

そして「廃炉後の未来に向けて」と題された第6章で彼はこう問いかける。

「福島第一原子力発電所が出来る前、その当時の人達はどんな未来を描いていたのでしょう。その時代から見た遠い未来の今はどの様に写っているのでしょう。

世界史に残る事故が起き、沢山の人が傷つき、多くの助け合いが生まれ、ふるさとを守り繋いでいこうとする時代にいる今、この先の未来はどの様な姿になっていくのでしょう」

彼は2011年から2060年にかけての年表を作り、2020年に「15歳」を迎える「彼ら」の想像力を刺激する。40年後の未来に、「こうなっていて欲しい」と思う未来はどんな姿で、君たちはどんなバトンを作って、次の世代に引き渡していきたいのか。問いは今を生きる社会の担い手、たとえば20代~40代にも跳ね返る。2060年まで生きていたとしても、今の現役世代は高齢者になっている。そこで何ができるのか。せいぜい、引き継ぐことしかできないだろう。

私が感じた変化について吉川が今、思うこと——「あぁ、確かにそれは大きな変化ですね。僕がもう限界を感じて、知ってほしい、わかってほしいというアプローチをやめてしまったんです。石戸さんと会った頃はちょうど『福島第一原発廃炉図鑑』(太田出版、2016

年）を作っていたときじゃなかったかな。あの本は、おかげさまで結構な売れ行きになったから意義はあったと思うんですけど、地域の人からはあまり良い反応がもらえなかったんです。それはまさに知識を詰め込んだからですね。

これだけは知ってほしいというのを詰め込みすぎたかなと思いました。図鑑だから、というのもあるんですけどね。これを読んだ海外の研究者から、『吉川さん、知の棍棒《こんぼう》って言葉を知っていますか？　それで殴られているような気がします』というメッセージをもらって、ますます反省したんです。僕は原発で働いていたから、どんどん細かいところを足したくなる。でも、それと『伝わる』はまったく別なんですよね。知ることは大事で、それ自体を否定する気はないです。

でも、こっちから『最低限、これだけは』という押し付けはしなくなったかな。だって、何を知らないといけないって範囲は広がるばかりですからね。あれも知らないのか、これも知らないのかっていくらでも言える。どこまで知ったら、廃炉について語っていいのかなんて、決められないでしょ。

今は、原発事故について知らなくていい、わからなくていい、理解もしなくていい、が基本的なスタンスです。それでも来てもらって、現地を見てもらって、少し話を聞いてくれたら、確実に得るものはあるし、学ぶことはあるからって。

冊子も最初にできたのは、最後の第6章のページですよ。『あぁ俺たちが本当に伝えたいことってこれだよね』って思いながら、作っていました」

　転機になったのは、吉川の記憶では、その2～3年前に引き受けた県外の高校生に向けて語る小さな会だったという。研修旅行で福島を訪れた高校生を会議室に集め、彼が話す。テーブルを二つ並べて「シマ」を作り、一つのシマに4～5人座ってもらう。いつもならパワーポイントで、原発や廃炉の知識を伝えることばかりに執着していたが、この日は自分の人生を織り交ぜて語った。地域で原発とともに暮らしていたこと、その生活が事故でめちゃくちゃになったこと、せっかく見つけた家族や地元が一瞬で無くなったこと、自分は一体なにをしてきたのかと考えてきたこと――。我ながら、なんと個人的な話ばかりの講演なんだろうと思う。本当にこれで満足してくれるのか、これでもかとデータを詰めたほうがいいんじゃないかとも思いながら、ライフヒストリーを辿《たど》る。そして、最後にこんなことを問いかけた。

「みんなの人生はどうかな。今まで生きてきて、落ち込むことがあったと思うんだよね。みんなは、これからどうなっていきたい？」

　それまでの講演と、食いつきはまったく違った。高校生たちは視線を絶えず吉川に向け、言葉に耳を傾けた。ただ聞いていただけでないことは、感想からわかった。

「初めて、原発やこの地域のことをもっと知りたいと思った」

「僕は将来、科学者になりたいと思っています。みんなの役に立ちたいと思って、作った技術が人々の生活を壊してしまうことがあるかもしれない。きょう聞いた話をずっと覚えていたい」

感想以上に驚いたのは学校側の反応だった。「来年の生徒にも聞かせたいです。ぜひこの前の話、もう一度お願いできませんか」と声がかかるようになった。それも一つや二つの学校からではない。ライフヒストリーを語るようになってから、声がかかる回数は格段に増えた。リピーターがつくことで、彼はさらに自分の人生を語ることになり、それはなぜ自分が福島の地に残り続け、伝えたいと思っているのかを問い返す時間となった。

結局のところ、と吉川は思う。地域のため、作業員のためと言い続けてきたが、自分が考えてきたのは、自分の人生にとってあの原発事故とは一体何だったのかという問いだ、と。どうしても2011年3月11日を起点に考えてしまう自分がいて、それに「わかる」と言ってくれる人たちがいる。これは何を意味しているのか。人生の転機になったということではないか。

新型コロナウイルス禍にあって、視察や研修旅行の案内という仕事は減ってしまったという吉川だが、電話越しの声は快活だった。彼は今年になってから、福島県南相馬市の小高に原発事故以降、空き家になっていた戸建の家と土地を買った。妻と一緒に暮らし、セルフリノベーションに時間を割いている。花壇に生え放題になっていたぼうぼうの草を刈りこみ、加えて除染作業で中途半端に切られた切り株を自分の力で掘り起こす。きっと、前の家主も素敵な庭にしたくて、これだけ木を植えていたのだろうと思いを馳せながらである。整備した花壇は家庭菜園となり、ナスや唐辛子、トマトを植えた。遊びにやってきた甥っ子が、できた野菜をもぎ取り、収穫していく。減ってしまった収入の足しにということで、空いた時間にコンビニでのアルバイトも始めたという。

「良い家になっているじゃないですか」と私が言うと、吉川は「まだまだですよ」と照れくさそうに言った。

「家を買って、ちょっとわかったことがあるんですよ。まず意識が変わりますよね。『俺もこの土地で生きていくんだ』って。前に双葉町に住んでいたときも、そういう思いはあったけど、妻とアパート暮らしだったからさ。アパートと持ち家だと随分と意識は変わって、地域の人たちのことをもっと『隣人』だと思えるようになったかな。今までは、逃げようと思えば逃げられたし、実際に引っ越すことだって簡単にできたんですよね。もうやめたって言おうと思ったらいつでも言えたんですよ」

「吉川さんがそんなことするとは思えないけど……」

「うーん、でも面倒だからもういいやって言えるじゃない。実際に誰に頼まれているわけでもない活動だから」

これも意外だった。彼は昔からこんなことを語っていたからだ。

「人生の半分以上を過ごした浜通りは私にとってはもう『ふるさと』です。10代後半からここで過ごして、結婚もした。ふるさとは震災前、原発に依存した町でした。そして、震災後も発電から廃炉に形は変えても、原発に依存した町になろうとしています。廃炉はビジネスになっています。でもこれはあくまで短期的にはって話ですよね。

このビジネスは永続的なものではありません。なんといっても、自分たちの職場を自分たちで無くすための仕事ですし、言うなればマイナスをゼロにするもの。本来の構図が変わらずでは『つないでいくふるさと』にはならないと思うんです。この先、ふるさとはどうなっていくのでしょう。そのビジョンは誰も描けていません。いろんな力を借りて、私たちがアイディアを出さないといけないと思っています」

私は「そんなに心境の変化はありますか。だって、前から『ふるさと』って言ってたじゃないですか」と聞いた。

「うん、それはありますよ。昔はもっと肩に力入っていたなぁって思うんですよね。ずっと原発事故後の町づくりとは〜って語ってきましたけど、今はもっとシンプルに考えて良いんじゃないかなぁって。要は家族でも友人でもいいですけど、一緒に過ごしたい人たちがいて、普通に暮らせるということが本当に大切だってことです。地に足つけて、生活できること。そういう人が増えてくること。まずは、それでいいんじゃないのって思うようになりました」

「元東電社員」「元原発作業員」という肩書きがとかく強調される吉川だが、根底にあるのは彼の個人史を支えてくれた福島県浜通りという地域が好きだという感情だ。元社員だから責任を取ろうという気概から始まっているのではなく、まず何よりも好きだから住んでいる。

彼が好きな時間の一つに釣りがある。ふらっと漁港近くの海に出かけ、釣り糸を垂らし、魚が引っかかるのを待つ。そこに漁師たちが通りかかる。「今日は何が上がったんですか」と吉川が声をかけると、懇切丁寧に旬の魚を教えてくれる。話の流れで「兄ちゃんはなにをやっているんだ」と聞かれることもあった。そこで、自分がやっていること、これまでの自分を語る。漁師たちは怒ることなく話を聞き、やがて何度も顔を合わせるようになると、胸襟を開き本音を聞かせてくれるようになる。漁業という生業に誇りを持って取り組んできたこと、漁船を維持するにもコストがかかること、そしていまだに続く、時に「汚染水」とメディアで呼ばれている放射性トリチウムを含んだ処理水の問題をどう考えるか。政治決断で、海洋放出が決まったが、吉川には「知の棍棒」を振り下ろす人たちがいたように思えてならない。

「科学的根拠は、人を説き伏せるためにあるものじゃないでしょっていつも思いますね。もうずっとコスト、技術的に一番いいとされているのは、薄めて海へ放出することです。実際に、そういう方向で議論が進んでいますよ。海に流しても、環境への影響はほとんどないとされているし、それはそうなんでしょうと思いますよ。

問題は何のためにやるのって話ですよね。東電がタンクが敷地いっぱいになるのが嫌だという話で、東電側の都合を延々と語っているように見えてしまう。そんなの漁師の立場からみれば、事故を起こした側の問題であって、海に流したとすれば、損害が発生するのは目に見えている。じゃあ何で、痛みを一方的に自分たちが受けないといけないのかってなりますよね。

私も含めて地域に住む人で、これに諸手をあげて賛成する人は少ないと思います。科学的に安全だというのはわかります。それはその通りだと思う。でも、どこかでやっぱり嫌だという感情はありますよ。これは感情の問題だから、リスクの問題ではない。実際にリスクは少ないんだから流しましょうというのは、違うと思うのです。感情と向き合いながら、お互いの納得を探っていく方法はあるはずなのに、やっていないんじゃないのって話にしかならないんですよ。

科学的知識が足りないとか、そんな話じゃないんですよ。本当に大事なのは、未来の話で、この地域の漁業ってどんな形が理想なんだろうか、理想に向かって、今は何が必要なのかという話から始めないと損な部分を地域に押し付けて、はいおしまいという話になりますよ」

私たちは、原発事故を経ても何も変わっていない。相変わらず「科学的に正しいこと」が最大の武器になり、説き伏せるための道具になっている。科学的根拠は納得のための一つの指標だが、絶対の指標ではない。科学的に正しくても、社会的に見て望ましくないこと、正しくないことはいくらでもあるということは置き去りになっていく。

吉川が未来を大事にするのは、事故から40年以上も廃炉作業が続くという現実があるからだ。いくら頑張ったところで、人は平等に年を重ねる。次の世代に引き継がなければいけないのに、あまりにも「今」の話ばかり、事業者や政府の都合ばかりが大事にされ「納得」はどこかへ置いていかれていく。納得なき決定を繰り返して作られたバトンは、「あの時の決定がなければ……」という思いを後世に残すことになりはしないだろうか。

彼が続けてきた、廃炉現場を伝えるというプロジェクトは、「伝える」の先にある「未来」を投射する。歴史をたどらなければ、未来を考えることもできない。彼が、かつて「現場を伝えたい」と言った時、そこには変わりゆく廃炉現場の状況や、残り続ける課題、なによりそこには「作業員」ではなく、個々に名前をもった人間がいて、少しずつでも前に進んでいることを伝えたいという思いがあった。

今の「伝えたい」は、地域には未来があることを「伝えたい」、あなたにとって原発事故はどんな経験だったかという問いかけを「伝えたい」へと変わっている。

「最近、夢ができたんですよ」と彼は言った。

「おっ何ですか？　新しいリフォームのアイディアですか？　家のさらに先にあるものだと……」と私が軽口を叩くと、吉川は「それもあるけど……」と言いながら、一拍おいて続けるのだった。

「福島第一原発を誰もが語れるものにしてみたいなって。あれ知らないと語るなとか、これ知らないとダメじゃなくてね。だってあの日には生まれてもいない世代が、これからの未来を背負うわけだから。あっ冊子は英語版も作ろうって話になって、具体的に動き出しそうです」

6

この章の最後は、時計の針を少しだけ巻き戻して、２０２０年2月11日の会合が終わった夕刻前、会場のまだ木材の香りが残る、新しいコワーキングスペースを出て、郡山駅に向かう前のこんな会話で終わらせてみたい。会場となった2階から、1階に降りようとしたときだ。冬の福島は東京より一層日が短く、もう太陽が沈もうとしていた。会合はお開きとなり、吉川と数人のスタッフしか残っていない。

「じゃあ、また」と私は彼に声をかけて、階段を降りようとした。

「きょうはありがとうございました。また」と吉川はさっと右手を差し出す。コートを着込み、帰り支度を済ませた私が手を握り返すと、こんなことを聞いてきた。

「石戸さん、俺もちょっとは成長できたかな」

「ちょっとという言葉では足りないですよ。ものすごく、だと思います」と手を握ったまま答えた。

「そうか、そうかな。うん、ちょっとは自信になったかな」

そう吉川は笑った。10年という月日は、一人の人間に目標を失わせるだけでなく、新しい目標を与え、成長させるための時間でもあった。彼は自分の人生にとって、福島第一原発事故とは何だったのかと問いながら、未来に向かって生きていく。

第4章　トモヤの10年

1

たった一人の死が若者に絶望を与えることがある。否、より正確に言えば絶望だけでなく、周囲に誰がいるかによって、人生の転機になることもある。

トモヤ――。そう名乗る20歳の青年が今、東京で一人暮らしをしている。彼と出会ったのは、2019年の8月だった。彼は祖父母の家で育ち、東日本大震災で被災したことで人生が一変した一人の青年だった。初めて会った時、震災後に実母、義理の父親からの虐待を受けて、児童養護施設に入所していた過去があると紹介を受けた。

彼を主人公にしたドキュメンタリー映画制作のため、クラウドファンディングを募るイベントをやるので、その司会をやってほしいと制作サイドから打診があり、日程が空いていた私が引き受けたことが最初のきっかけだった。

私も毎日新聞の岡山支局で駆け出しの事件記者だったころ、ある児童虐待事件を取材し、それを機に児童養護施設に関心を持ったことがあった。今から思えば、自分の力不足でもあったが、うまく記事にできないまま中途半端に取材を終えてしまった。これは抜けない棘《とげ》のようなもので、私には多くを学んだ失敗として記憶に残っている。

プライバシーの壁が当然ながら学校の取材以上に高く存在しており、職員もメディアには警戒心をむき出しにしながら対応していた。施設のトップと私が交渉して許可された施設内の取材も現場にうまく伝わっておらず、その場の判断でNGとなることもあった。現場の判断は施設の子供たちを守るための措置であるため、対応それ自体が悪かったというつもりはない。私自身がうまく再交渉できれば良かったのだが、深く取材する以前に虐待事件の本筋が大きく動いてしまい、そちらに奔走させられるうちに児童養護施設を取材する機会を逃すことになった。

イベント会場に着くと、髪の毛を薄く茶色に染めた20歳の若者がいた。彼は明らかに緊張していたが、受け答えは聡明で、理知的だというのが第一印象だった。私がイベントの司会を引き受けた大きな理由の一つは、彼が浜通りのある街で被災していた経験を持っていることだった。トモヤに「この話はどこまでできる？」と聞くと、「なんでも聞いてもらっていいです」と返ってきた。

子供のプライバシーを何より大切にする児童養護施設を出た若者が、顔と名前を出して映画に出演するというのも異例と言っていい。それに彼が主人公に据えられたドキュメンタリー映画で、監督を務めるアメリカ人のドキュメンタリスト、マット・ミラーとともに登壇して語るというのも異例である。

最初から緊張していたが、自分の考えを、自分だけの言葉にできる力をトモヤは持っていたことで、私は安心していた。イベントはうまくいくだろう。

本番前に緊張をほぐすために、記者たちが座った会場を待機スペースから見ながら、彼の肩に勢いよく私の腕を回して「まぁ頑張ろうぜ」と肩を抱きながら言った。

「はい。あの……」

「なに？　あっそうだ、答えたくない質問があれば無理に答えなくていいから。虐待の内容とか、細かいところとか話しにくいと思ったら俺のほう見て。そしたら引き取るから」

「あと、もし、言葉に詰まったらどうしたらいいですかね」

「その時も無理に答えなくていい。適当につなぐか、マットに話をふるから。大抵のことはあいつが答えてくれるよ」

「そうですよね」

そんな話をしていたにもかかわらず、トモヤ自身はまったく本番で答えに詰まることなく、実に堂々とした受け答えで語っている。自分がなぜ映画に出ようと思ったのか、今は何を知ってほしいのか。彼はこんな風に語っていた。

「施設にいるときはプライバシーが守られています。虐待問題が起きて施設にいるっていう子は自分からは、その過去に何が起きたかを言えないのです。施設に入ったこと、出たあとのことも含めてどういう現状なのかを知ってもらいたいし、広めていきたい。僕が映画に出ることで、施設にいる子供たち、一人一人の助けにつながってほしい」

本番が終わった私は、再び、楽屋に戻る彼の肩を抱いて心の底から賞賛した。

「トモヤ、すごいじゃん。何も見ないでよく語れたよ。これで成功だわ。こういうイベントやったことがあった？　正直に言いなさい」

「いや、本当に初めてです。途中で頭真っ白になっちゃいました。そのとき石戸さんの顔見たのに、なんか拾ってくれないから、そのまま何か話さないと～と思って……」

「そんなに見ていたっけ……。ごめん。でも、まぁでもいいじゃん。成功することが大事だ」

私が軽口で失敗をごまかせるくらい、イベントは大盛況で終わった。熱気そのままに支援は広がった。目標金額に達しない限りは達成率99％でも受け取れない退路を絶ったAll or Nothing方式で挑み、見事に成功したのだ。内心、達成するかどうかは五分五分だと思っていた私もこの知らせは嬉しく、トモヤに公開が楽しみだという話をして、完成を待っていた。

新型コロナ禍は映画制作にも影響し、最後の最後になる編集作業を前に、本業を抱えているスタッフが多かった制作チームは解散することになり、資金も尽きかけた。コロナを前に本業に大打撃を受けたスタッフも多く、作業は難航していたという。早期に完成させ、海外の映画祭に出品し、あわよくば何らかの賞レースに絡み、それから国内の劇場公開を狙っていたミラーたちは方針転換を迫られた。

彼は先行きが見えない海外の映画祭出品や劇場公開ではなく、まずはオンラインのストリーミングサービスでの公開を目指すという方針を決めた。現実的なプランを選んだ、とも言える。それでも足りない資金を、もう一度クラウドファンディングで集めるためのイベントを開くことになり、トモヤ、ミラーと私に加えて、映画のナレーションを務めることが決まったイラン出身の俳優サヘル・ローズを加えたトークイベントが2020年9月に開かれたのだった。

サヘル・ローズが自ら登壇したことも話題となり、資金集めも前回と同様に無事に成功し、あとは完成を目指すばかりとなっている。

2

「いや、それが僕は新型コロナでめっちゃ忙しいんですよ。きょうはたまの休みです。これから最初はツイッターで知り合ったゲーム友達と、夜はしゃぶしゃぶ食べに行こうって話をしているんです」

資金調達が無事に成功してから数日後、昼の池袋で一緒に食事をしたトモヤはずっと笑っていた。出会ってから1年がたち、21歳になったトモヤは、本人の言葉通り、とにかく多忙だった。施設時代から働いているバイト先のカレー屋がコロナ禍で宅配、テイクアウトに力を入れたこともあって、売り上げが伸びに伸びた。コロナ前のピーク時と比べて1・5～2倍近い売り上げが続き、長く働いている彼は連日シフトに入り、休みもごくわずかなままだ。

クラウドファンディングのサイトを休憩時間の度にチェックし、どのくらい集まっているかを確認していた。私も彼も、実際のところ資金が集まるかは少しばかり懐疑的だった。締め切り期限は短く設定され、出足もさほど良いとは言えなかった。それでも、少しずつ新聞記事などが出て、ウェブでも支持する声が集まった。

「子供と関わる仕事をしたい」というトモヤは、施設から出て進学資金を貯めるためのバイトというのが名目であり、実際に目標でもあったのだが、目の前の現実はシフト表にあった。登壇した私たちの誰よりも彼が忙しく、イベントの日程も彼が空いている日で決まった。

施設は原則18歳までしか入所できず、そのまま社会に出ることになる。完全に守られた空間から、すべてを自分でこなすことを求められる社会に出て、戸惑う青年たちも少なくない。トモヤもたとえば国民年金の払い方や、役所に行ったものの国民健康保険への加入手続きがわからずに困惑したこともあった。しかし、彼の周囲には頼れる大人がいつも誰かしらいた。彼にはわからないことを児童養護施設のスタッフに聞きにいったり、施設の先輩たちに聞いたりすることで問題を解消しようとするだけの力も備わっていた。

彼の周囲にいた大人といえばマットもその一人だし、サヘル・ローズもそこに加わっている。7歳までイランの児童養護施設に育ち、8歳で養母とともに来日した過去を持つサヘルと会ったとき、トモヤは、多くの言葉を交わしたわけではないのに、自身がずっと抱えてきた孤独を、彼女が心の奥深くで受け止めてくれたように感じていたという。彼が、ちょっとはにかみながら「サヘルさんが僕は一番尊敬できる人だって思えるんです」と話してくれたとき、私もどこかで嬉しさを覚えていた。

そんな話をすると、少し目を落としながら「今が生きてきたなかで一番、楽しいですよ」とぽつりとつぶやいた。

宮城県に生まれたトモヤは、2歳の頃、両親の離婚を機に、福島県沿岸部で漁師をやっていた祖父母のもとに預けられた。祖父は早朝から毎日漁に出かけ、祖母も育児の合間を縫って港に向かっていた。ともに海の仕事が生きがいだった。彼はそんな祖父母が好きだった。ごくたまに顔を見せにくる母親は「また一緒に暮らそう」と言ったが、どうしても嫌だと頑《かたく》なに拒否し、福島で小学校生活を送ることを選んだ。

東日本大震災は彼の人生にとっても、転機になった。3月11日の朝、小学5年生だったトモヤは、もうすぐ冬が終わり、春がやってきそうな気配を感じていた。朝も冷え込みが弱くなり、この調子なら真冬の防寒着はいらないと判断して、長袖のシャツと薄手のウインドブレーカーを羽織って登校した。

そして午後2時46分がやってくる。

大きな揺れを感じ、全員で高台にある中学校に避難した。そこは街が一望できる場所だった。高台まで全力で避難して、しばらくしてから真っ黒い塊が街を襲う。見慣れた景色はすべてが塊に飲み込まれてしまい、何も見えなくなった。急激に引いていく水が押し流していたのは誰かの家の屋根だった。屋根の上には人が立っていたが、同じように押し流されていた家屋や流木に屋根もぶつかり、その衝撃で人は立っていられなくなり、次の瞬間には人の姿が見えなくなった。やがて屋根そのものも沈む。そんな光景を目の当たりにして、トモヤは泣いていた。目の前で何が起きているかもわからず、ただただ涙ばかりが溢れた。嗚咽するだけで、何もかもが理解できなかった。

そして、3月の福島県沿岸部ではまず降らない雪が降ってきた。もう春が近いというのに、天気予報にも無かった雪が降り、トモヤはそこで初めて寒さを感じた。体育館には満足な数の毛布はなく、3人一組で1枚の毛布を使うように指示があった。誰が生きていて、何が起きているのか。誰にもわからなかった。翌日、彼のいとこ、親族が迎えにきた。この段階で祖父母の生死はわかっていない。3月11日、祖母は足の悪い親族と一緒に家にいた。別の親族が祖母に電話をかけていた。それが最後のやり取りになることまではわかった。その親族は「逃げたほうがいい」と避難を促したが、祖母は「家にいたほうがいい。波はここまでやってこない」と言い電話を切った。トモヤが3月11日の朝に登校したときに確かにあったはずの家は、わずか数時間の間に骨組みだけになっていた。

避難先の親族宅は宮城県の内陸部にある。沿岸部でないため被害を免れており、しばらくトモヤはここに避難することになった。電話も通じず、現地の情報も錯綜していたため、連日、彼は親族の車に乗って、地元の役場や避難所を回って情報を集めた。あの日、あの時間に偶然にも漁に出ていた祖父の無事は確認できたが、祖母は行方不明のまま葬儀をした。帰るはずの家を失い、世話をしてくれる祖母も喪い、祖父だけでは育てきれないことは目に見えていた。トモヤは最後の最後まで、母親と暮らすことに抵抗したが、残された選択肢はそう多くはなかった。実母が迎えにやってきて、彼の意志とは関係なく転校手続きが取られ、4月から東京・足立区の小学校に通うことが決まった。母親の再婚相手、そして義理の弟と妹が家にはいた。彼を待っていたのは、虐待が続く日々だった。

虐待、といっても最初はまだ軽いものだった。小学6年だったにもかかわらず、なぜか中学1年で使う教材を渡され、勉強しろと言われる。福島にいたときは学校から帰ってくるやいなやランドセルを放り投げ、そのまま海や近くの山や公園に遊びに行っていたが、まず、勉強をせずに遊びに行くことが禁止された。3月11日から学校の勉強どころではなかったトモヤはいきなり与えられた中学生の教材に困惑していた。取り組むには取り組んだが、内容はやはり十分に理解はできない。だが、義父が課すノルマと「罰」は瞬く間に増えた。時間内に勉強のノルマを達成すれば、部屋のクーラーをつけていい。もし達成できなければ、つけないまま寝るように言われる。やがて食事もノルマが達成できなければ出なくなった。そして、暴力が始まった。

勉強をやっていないと、手を上げられるのはトモヤだけだった。義父は実子である弟と妹に手を上げず、ひたすら彼だけをターゲットにした。父親の暴力は、腕を壁に打ち付けて、背中に狙いを定め痣《あざ》ができるまで殴り、蹴るというところから始まった。エスカレートすると、頭をテーブルの角に打ち付けることもあった。それも側頭部である。腕や背中は服で隠れるから怪我がばれにくい箇所、頭も側頭部なので「転んでできた傷」と言えば納得させられる程度に加減していた。母親は、父の暴力を受けた後は優しく接していたが、父が不在になると父と同じようにトモヤに暴力の矛先を向けた。

トモヤは今でもよほどのことがない限り、夏場に半袖を着ない。より正確に書けば、「着られない」のだ。着たとしても、七分袖か、せいぜいオーバーサイズで二の腕が完全に隠れるものしか着ることができない。普段はいつも、長袖を着ている。痣が見えてしまうことを恐れる気持ちが消えないからだ。暴力はさらにエスカレートした。ある朝、起きたら彼だけを置いて、家族全員がディズニーランドや近くの行楽地に出かけていることがあった。あれと思って、玄関を開けたところ、扉の上部に、外側から幅1センチほどの細いテープが貼られていた。貼ったのは父親で、帰宅後に「テープが切れている。勝手に家を出ようとした」ことを理由に殴った。

痛みで頭がぼーっとなったトモヤの目に焼き付いているのは、笑みを浮かべながら殴る父の姿である。

さらに父親は、トモヤを震災後、最初に引き取った宮城県の親族に深夜2時に電話をかけ「お前らのせいで、トモヤはこうなったんだ」となじり続けた。親族とトモヤのつながりはここで途切れた。彼は、義父と家族の一切が信じられなくなっていた。2012年7月のある日、またも起きたら家族全員がいなくなっていた。簡単なメモと1000円だけ残して数日の外泊に出かけていた。学校側もさすがに虐待に気がつき、児童相談所に通報し、トモヤが保護されたこともあった。児相の職員相手に「以後気をつけますので」と、愛想笑いを浮かべ母親が平然と語り、また家に戻る。帰れば、当然のように義父からの暴力が待っていた。

彼の部屋にはついに二重に外鍵がつけられ、夜中にトイレにすら行けなくなった。ベランダの扉をあけて、隣家の屋根伝いに脱出し、近くのコンビニでトイレを済ませ、またベランダから戻る。一体、自分が何のためにこんなことをやっているのか彼にはわからなくなった。ついに痣だらけの背中を見た学校側は、連携していた児童相談所に通報し、一時保護所、そして都内の児童養護施設に入所することが決まった。そこは、震災の日以来、ずっと耐えないといけないと思っていた自分を、初めて解放できる空間だった。「今日からお世話になりますトモヤです。よろしくお願いします」と挨拶をしたとき、先輩たちは「敬語は禁止。家族だからな」と言って、彼を迎え入れた。２０１２年10月26日から新しい中学校に通い始め、彼は人生に安定を取り戻す。

外から見れば普通の一軒家にしか見えない施設で、男子ばかり5～6人で住む生活は、彼にとってなにより居心地のいいものだった。彼らは彼にとって、「家族」そのものだった。中には職員が常駐していたが、主導権を持っているのは年長の先輩たちで、彼らがトモヤに手取り足取り、施設のルールを教えた。こんなことがあった。

施設の少年が、同級生からいじめを受けた。ことを荒立てないようにしようとする施設の職員に対し、一人の先輩が声を上げた。

「なんで、いじめを受けているのに見過ごすようなことをするんだ。家族を守るのは当たり前だ。今からいじめたやつの家に行ってくる」

職員は必死に止めたが、彼は本気だった。トモヤにとって家族のために、ここまで真剣に声を上げる姿は、この人たちは信頼できると思わせるのに十分だった。児童養護施設に良いイメージはなかったが、「ここは天国」だと思うようになる。

血気盛んな年ごろである。先輩たちは「好きな女子」をめぐる、本当に些細なトラブルから大喧嘩に発展し、施設の1階にあった物品すべてを外に放り投げた。家財道具が無くなることになっても、彼らなら本気で喧嘩をするだろうなと思えた。「きょうはすごいことになったな」とトモヤは思っていたが、それでも平然と受け流し、彼らのことを嫌いになったことはなかった。何があっても最後は好きであり続けるほどに「家族」だったのだ。

3

トモヤにもう一つの人生が交錯する。監督を務めるマット・ミラーは、アメリカ人であり、彼の父親ジェイムズは日本の児童養護施設で育った。父のルーツを知るためにミラーは日本にやってきた。彼の父親は、第二次世界大戦終戦後、長崎県佐世保市にやってきた米兵と日本人の女性との間に生まれた子供だった。やがて米兵は日本を離れることになったが、戦後間もない混乱期である。残された母親に子供を一人だけで育てるだけの余力はなかった。

ミラーの父親は養育者がないまま佐世保に残ることになった。幼いジェイムズを引き取ったのは、佐世保の児童養護施設「ワールドミッション・トゥ・チルドレン」の光冨栄子だった。彼女の回想が記録された新聞記事（2016年1月21・28日付毎日新聞）を読むと、光冨の人生もまた数奇なものを感じさせる。

1928年に佐世保で7人兄妹の三女として生まれた光冨の生家は、繁華街の一角にある薬局だった。2歳で父をがんで亡くしたが、長兄が家業を継ぎ、収入は安定していた。高等女学校に通っていた1945年6月に、佐世保市内が集中的にアメリカ軍の空襲に遭い、繁華街にあった実家は焼け落ちた。彼女はここで、避難していた山手から繁華街を見ている。真っ赤な炎があがり、翌朝には黒く焦げていて誰なのかわからなくなった遺体もあった。佐世保は明治期以降、「海軍の街」として発展しており、狙われるのは必然だった。戦後はそのままアメリカ軍が上陸し、新しい佐世保の歴史が始まる。

光冨は1947年12月の母の死に大きなショックを受けた。着物を売り、まだ幼い子供たちをなんとか育てようとした母の死の衝撃に耐えることができず、最後に拠り所を求めたのが市内にあったプロテスタント系の教会だった。通っていた教会の宣教師が作った養護施設に、ミラーの父親のような身寄りのない子供たちが集まっていた。やがて、彼女は施設に住み込んで働き始めることになる。

1951年に施設は運営を始めた。資金はすべてアメリカやカナダからの寄付でまかない、行政からの補助などは受けないという方針を立てた。スタッフは女性の宣教師も含めて4～5人というところから始まる。最初にやってきた子供は5人で、日本人が3人、米兵と日本人の間に生まれた子供が2人いた。5人は1歳半〜4歳で、母親を求めていつも泣いていた。子育ての経験もなく、育児について十分な勉強をしたとも言えない光冨は現場で奔走し続けた。病気になればつきっきりで看病し、成長を見届け、養子として引き取りたいという家庭が見つかれば、引き渡す日まで自分が責任を持って育てると誓った。彼女自身は人生のなかで結婚を選ばず、実子を育てるという経験も求めなかった。2001年に施設を解散するまで100人以上の子供たちと接し、すべての子供の「母親」として生きた。彼女は「家族」を常に気にかけていた。ジェイムズは4年間、施設で生活を送り、養子縁組が成立すると同時にアメリカに渡った。そんな彼を光冨自身がアメリカまで訪ねてくることもあった。

一体なぜわざわざ、日本から女性がやってくるのか不思議に思ったミラーが聞いても、父親はあまり自分の過去を語りたがらなかった。やがて、その理由が長崎時代に受けた精神的な傷にあったことを知る。

「どうも、僕の父親は……」とミラーが口を開く。「ミックスの子供たちに対する人種差別で受けた傷が、成人後も重くのしかかっていたようなんだ。10歳の時に父親は養子に迎えられたんだけど、その後の人生でメンタルケアも含めて、十分なサポートが得られなかったように思う。彼にとって長崎の出来事、子供時代のことはあまり振り返りたくないことだったようだ」

父のことを知りたいと思ったミラーは、２００６年に来日して、インターナショナルスクールで教師などをしながら、多くを語らなかった父の足跡を辿る旅をしていた。なぜ子供時代を語りたくないのか。それは、光富たちの施設が不十分であったということは意味しない。彼女たちも精一杯ケアし、だからこそ、ずっと気にかけていて、わざわざ訪ね歩いている。ミラー自身も２００９〜２０１０年にかけて光富の家に住み込み、父の過去を調べる中で彼女がいかに深く父に愛情を注いでいたかを知っている。彼がたどり着いたのは、誰かひとり悪者がいたわけではないということだった。

戦後初期の激動が残されてしまった子供たちに深い傷を負わせていた。ミラーは日本での生活を通じて、現在の養護施設で暮らしている子供たちも父と同じような問題を抱えやすい環境にいることに気がついたという。

「僕は思うんだけどね、今も昔もメンタルケアが行き届いているとは言えないんじゃないかな。僕の父も引き取られた家でも、日本でも綺麗な洋服を着ていて、生活面のケアは受けていたと思うんだ。でも、心のケアは得られなかった。だから、ずっと苦しんできた。それは今も変わっていないのではないかと思ったんだよね。トモヤに会って、撮影しているなかで、今でも多くの子供たちに精神面のサポートが必要だと気付いたし、自分に何ができるのかって問いかけてみたんだ」

そこで、彼が選んだ方法がドキュメンタリー映画を撮るということだった。トモヤの人生とミラーのそれが交錯したのも偶然としか言いようがないものだった。児童養護施設の子供たちの支援活動に関わりながら、たまたまカメラを回していたなかにいた一人がトモヤだった。最初は記録のために撮っていた。彼自身もどこかで、被写体としてのトモヤに惹かれるところがあったのだろう。その理由は、よくわかる。トモヤは聡明で、自分の言葉で自分を語るという力を持っている。少しずつ信頼関係を築きながら、撮影を進め、映画を作らせてほしいと本人にオファーした。

トモヤの顔と名前を出して撮影できているのは、彼が施設を出て、曲がりなりにも自立した生活を送っていること。そして、一人の大人として彼自身がOKを出したからだ。それはミラーにとっても最大の幸運だった。顔に浮かぶ表情はひとつひとつが強い情報であり、固有名詞は「その人」が実際にこの社会で生きていることを伝える。

トモヤの回想――「初めて、撮影が入るとなったのは15歳のときだったと思います。最初は、自分が主人公になってポスターとか取材とか、イベントに全部出るとか想像もしていなかった。僕は少しだけ顔が映るという話だったけど、いつの間にか主人公になっていて、それから映画を撮るという話に膨らんできたんですよ。映画！　僕が出るの？　って驚いたんです」

光冨たちの施設があったことで、ジェイムズは戦後を生きぬき、マットが誕生し、来日するに至った。トモヤもまた施設が新しい「家族」となり、暴力から逃れることができ、新しい人生を一歩、また一歩と踏み始めている。専門家によるケアは重要な問題として残っているにしても、周囲の支えもまた人生を変えるためのケアの一つなのだろうと思う。

戦後の佐世保で生まれ落ちたジェイムズに差し伸べられた手と、2011年の福島で人生が一変してしまったトモヤに差し伸べられた手が交錯したとき、そこにほんの少しかもしれないが希望が生まれている。「絆」という言葉は、震災後にわずかな間、流行し、あっというまに忘れさられていったが、ここには確かに存在している。

ひとつ、ひとつの偶然が重なり合うプロセスの先に、一人の青年が負った傷が回復し、動き出す希望がある。

第5章　何も知らない

1

久しぶりに、福島県浜通りに行きたいと思った。メディアで語られる「震災10年」がいかに空虚なものであろうと、まずは現地を見てみないことには何も始まらない、と。

新型コロナ禍の「自粛」は当然ながら、私にも影響を与えていた。以前なら、取材先の家に泊まらせてもらうことが度々あった。食事をし、酒を酌み交わし、やがて出てくる本音を待った。本音を語るというのは、本人ですら気がついていない、あるいは言葉にすることができなかった何かを言葉にする行為である。食事をともにすることは、価値観を共有し、信頼関係を築くことである。取材に行った福島の農家が自家用にとってある米や、「本当は食べてはいけないことになっているんだけど……」と笑いながら原木のシイタケを出す。放射性物質が飛散したことで、市場に出荷できる基準値をわずかに超えているものだ。ここで「笑い」に込められているのは、本来なら市場で勝負できるはずのものが育っているのに、機会そのものが奪われてしまった悲しみである。人間は悲しみを表現するときに、笑うこともある。そのことを私は取材をしながらはじめて知ることになる。

米もキノコも放射性物質は目に見えない。検査し、数値にすることで、目に見えるようになるが、それをどう捉えるかは個々人によって違う。私は食べることで、彼らの生産を肯定したいと思った。何かを論じたり、語ったりすることではなく、食べるという行為に全てが現れる。一般的に流通している米よりも粒が大きいそれを食べて、私は「おいしい」と言う。そこであらためて彼らは笑う。悲しみではなく、わかってもらえたという安堵感とともに。そこから、ようやく本当の語りが聞こえてくる。数時間かけて、ある人は「自分の罪」を語り、ある人は喪った人との思い出を語った。そんな取材はしばらくの間、できそうもない。

新型コロナウイルス禍の最も厄介な点は、人間をウイルスの運び屋にしてしまったことだ。これ自体はあらゆる感染症に共通していることだが、新しい感染症はより鮮明にリスクを突きつける。ＰＣＲ検査で仮に陰性だったとしても、言えることはせいぜい、検査した瞬間の「陰性」の可能性が高いということまでで、次の日にはどうなっているかわからない。仮に取材から帰ってきた2日後に、なんらかの症状が出て陽性となったとしても、もう遅い。症状が出る2日前に感染力はピークを迎えてしまい、その時点ではもうウイルスをばらまいてしまっている。２０２０～２０２１年の東京は、常に感染者が一定数出てくる都市になった。感染の流行という「波」は何回も押し寄せて、そのたびに「過去最多」という言葉が躍った。東京を拠点に取材活動をしている私は、いつだってウイルスの「運び屋」になる可能性を抱えている。これまでのように食事をともにする取材は、地方に感染を拡大させるハイリスクな行為として、感染症の専門家たちから断罪され、「取材はリモートでやれ」という声が上がってくるだろう。

いくら私が取材という仕事が「エッセンシャル」なものだと思っていても、社会的にはまず許容されない。リモートでのコミュニケーションに感染リスクはまずない。だが、それは単に言葉を介して情報を交換するだけであり、本質的な部分には何も迫れない……。と、偉そうな書き出しになってしまったが、そもそもの動機は今の国道6号線を単純に車で走ってみたいというところから始まっている。人との接触を抑えて移動をするために、おもに車を使い、マスクを着用し、一定の距離を取り、最小限のコミュニケーションで施設を見て回るだけなら、リスクは低く抑えられると判断した。

6号線は日本橋から北上し宮城県仙台市までを結ぶ。途中にある千葉県柏市で育った私にとって、東京から千葉県、埼玉県、神奈川県まで「郊外」をぐるりと一周する国道16号線とならんで身近な国道の一つであると同時に、福島第一原発事故後の福島を定点観測するための道路だった。

福島県で6号線を初めて見たのは、2012年1月のことだった。あの時はまだ一般車両が通行止めの対象だった。一緒に行ったのは、当時の取材相手だ。新聞記者だった私は、大学生時代に阪神・淡路大震災を経験した神戸市在住の会社経営者が、福島の農家を支援し続けているという話を取材していた。現地パートナーも見つけ、経営している会社の利益から寄付も続けていた。彼は、自分が福島に関わろうと思った動機をこう語っていた。

１９９５年1月17日――。彼は下宿先の神戸市内のマンションで被災した。今まで経験したことがない揺れが起きると同時に、飛び起きた。テレビが顔のすぐ横に落下してきた。とんでもないことが起きていると、着の身着のまま、街に飛び出すと周囲の景色は一変していた。道路はひび割れ、建物がくずれ落ちていた。真冬だったが、寒さは記憶にない。何が起きているか分からないまま、必死に走って逃げた。

途中、倒壊した近所の木造住宅からは、そこに住んでいた高齢の男性の必死の叫びが聞こえてきた。

「助けてくれ、頼む、助けてくれ」

声に気がつきあたりを見回したが、振り返っても姿は見えない。しかし、そこに誰が住んでいるかは知っていた。もしやと思ってよく見渡すと、押しつぶされた住宅の隙間《すきま》から、腕だけが出ていた。ここで立ち止まった彼は、一瞬の間に多くのシナリオを考え出し、自分に問いかけた。

無論、倫理的にはここで助けることが正しい。しかし、自分一人で助けることができるだろうか。本震と余震という言葉は知っていた。仮にさっきの地震が本震だとするならば、すぐに同程度か、ちょっと弱い程度の余震が起きる可能性はゼロではないどころか、相応の確率で起こる。余震が起これば今は持ちこたえている周囲の建造物が倒れてくるだろう。

そして、助け出したとして、いつ余震に襲われるかわからないまま怪我をした高齢男性を抱えて自分が逃げ切ることができるだろうか。この可能性は低いように思えた。避難所に逃げたところで、避難所そのものが被災していたらどうする。その場で彼と高齢男性は立ち往生することになる。

身の安全を考えれば、何はともあれ、神戸は脱出したほうがいい。実家も神戸市内にあったが、そこに立ち寄ることも危険だと判断した。自分が助かるためには、と誰にも責めることができない決断を下した。「ごめんなさい、ごめんなさい」と繰り返し口にしながら、彼は一人で神戸を抜け出し、大阪の友人宅まで避難した。彼にとっての被災経験はそこから、だと言うべきだろう。

命があって喜ばないといけないはずなのに、いつまでも助けを求めた声と助けを求めた腕が頭の中を離れなかった。自分はなぜ助けることができなかったのか、なぜあそこに留まることができなかったのか。

答えは一つしかない。自分自身のためだ。

自分は自分を守るために、他人を犠牲にしたという事実は、彼にとっていつまでも抜けることがない棘として、人生に突き刺さったままになっていた。そんな彼にとって、２０１１年3月11日は「棘」を思い起こさせた一日として記憶されている。伸びる手を握るのは今しかない、と思ってしまったのだ。

「自分は神戸からやってきた」と言うと、どんな現場でも「ありがとう」と言われた。神戸市民――もう少し広く関西圏の人たち――の中には東日本大震災の現場で「神戸からやってきた」「大阪からやってきた」と言うと、メディアの取材であっても歓迎されたという経験を持っている人が少なくない。現場で神戸という地名は「同じ辛さを知っている」という文脈が与えられていたし、彼も含め実際に多くのボランティアが力を発揮した。

私の取材日程と合わずに、彼は途中で神戸に帰ることになってしまったが、現地のパートナーが車を出してくれて、私は福島の農家や小売り業者の声を聞いて回ることになった。彼が神戸に帰る間際に、「絶対に見てほしい、これが神戸と福島の違いを象徴している」とやたらと力を込めて語っていたのが、6号線のことだった。

「ここを南下すると、福島第一原発ですよ。まぁ今は通れないですけどね」

冬の福島は日が落ちるのも早かった。日中多くの時間を取材に費やした私が見たのは、警察官が立って車両通行を制限している真っ暗な道路だった。道路に目に見えた変化はないが、目に見えない放射性物質の飛散によって立ち止まることになる。神戸との違いは、そこにあると彼は言いたかったのだろう。

2

11月下旬、特急でいわき駅まで向かい、駅前でレンタカーを借りた。カーナビの目的地はひとまず、双葉町にできた「東日本大震災・原子力災害伝承館」にした。2020年9月にオープンしたばかりの新しい建物であり、ピンポイントでの住所指定はできず、周辺指定になった。

私は、行きは国道6号線から常磐道を使うルートを、帰りに6号線を双葉町からいわき駅まで南下するルートを使うことにした。当時と違って、6号線は車の往来なら自由にできるようになっている。いわき駅から、国道6号線まで入り、あとは北上すれば常磐道のインターチェンジにたどり着く。高速道路をまっすぐ走り、真新しい大熊インターで降りる。再び6号線に合流する前に、私は大熊町の様子を車で見て回ることにした。

私たちはもう異様さに慣れてしまったか、多くの人にとっては関係がないことになり、忘れてしまっているが、2011年の原発事故で立地していた大熊町と双葉町、二つの町に住む人々の避難生活はまだ続いている。

《福島県内の主な避難先地域

・浜通り地方 5418人（いわき市 4601人、南相馬市 271人）

・中通り地方 1750人（郡山市 1053人、福島市 195人）
・会津地方 699人（会津若松市 601人）
福島県外の主な避難先都道府県
茨城県 468人、埼玉県 359人、東京都 249人》
（大熊町のホームページより、2021年1月現在）
《▼双葉町に住民登録がある方の避難状況
福島県内に避難されている方　3738人
福島県外に避難されている方　2084人
所在不明者　1人
計5823人》
（双葉町のホームページより、2020年9月現在）

数字は現実の一側面を伝えるものでしかない。人の立ち入りを規制するゲートの向こうには、住宅や事務所として使われていた建物がいまだに多く残っている。解体された建物もあり、稼働中の重機がそこかしこにあったが、まだ残っている家もある。建造物には建造物の数だけ、人には人の数だけの物語が宿る。それを数字は教えてくれない。

私は、最終的に家屋の解体を選ぶことになる一家の片付けに同行したことがある。2016年9月のことだ。その時ですら、5年半にわたって、人の出入りが制限される街だった。

初めて、ゲートの内側に入った時の奇妙な感覚を忘れることはできない。これは「帰省」だが、自分の家に戻るために、行政からの許諾を得ないといけないことの奇妙さがついてまわる「帰省」だったからだ。

現在の身近な事例から想像してみよう。私たちはコロナ禍の緊急事態宣言下であっても、帰省や移動は、最終的には個々人の判断、「自粛」に委ねられている。第一波の2020年のゴールデンウィークでは、行政や科学者からは帰省などを見送るように、強い要請や訴えがあった。私も含めて、どこにも出かけずに自宅で過ごしたという人は少なくなかったはずだ。緊急事態宣言は出ていなかったが、盆休みや正月を「自粛」する人は同じように少なくなかった。ただ帰省したとしても許諾や防護服は必要なかった。

だが、この帰省は違う。福島第一原発から、約10キロ離れた福島第二原発（楢葉町）のスクリーニング場に立ち寄り、ここで事前に申請した人数分の防護服と線量計（この日は、時間にしてわずか2時間弱の滞在だったので、数字はほとんど動かなかった）を渡される。すぐに防護服に着替えることはなく、また車に乗り込み、車で10分弱、国道6号線を福島第一原発方面に向けてひた走る。行政から指定されたゲートの前まで行き、ここで警備担当者に身分証や書類を一通り見せて、記載漏れなどがなければ、ゲートを開けてもらうことになる。「緊急事態」は続いていた。

道路を走っていると、やたらと勢いよく生い茂った雑草が目に入る。人通りが著しく制限された街の中にあって、植物はまったく関係なく成長をしていた。中にはアスファルトを突き破って、生えているものもあった。当時で5年半、今は10年分である。さらに小道に入り、数分走らせると、同行した住民が避難前に住んでいた家に到着する。防護服は車から降りるときに着用する。手袋を二重につけて、靴の上からカバーもつける。家の中に入るときは、屋外用の靴カバーの上に、さらに青いビニールをかぶせ、顔にはマスクもつけた。

大熊町の住民にとって、あるいは行政にとっても、全町民避難というのは唐突に告げられた決定であり、想定外のものだった。町がまとめた『大熊町震災記録誌』には、当時の生々しいやりとりが詳細に記録されている。大津波から一夜が明けた3月12日早朝午前6時前に大熊町役場2階にある総務課に一本の電話が入る。町長あてに電話をかけてきたのは内閣総理大臣補佐官で、福島第一原発半径10キロ圏内の避難指示が決まったというものだった。10キロ圏の円の中には町のほぼすべてが入っていた。

地震の救助活動や復旧活動をすべて停止し、避難を優先するということを受け入れられなかった職員もいたらしい。

《県への電話を手に職員は思わず「町を捨てて逃げろってことか！」と声を荒げた。電話の相手は何も言わなかった。》

わずか数分後、6時9分に町は防災無線で、全町民に対し呼びかけた。町にとっては、全町避難は「寝耳に水」だったが、国はすでに約50台のバスを派遣していた。最寄りの集会所に集まるように町民に指示し、想定外の全町避難が始まった。12日午後2時ごろまでに、町から人は消えた。そこから約1時間半後――午後3時36分、避難し遅れた住民を探すために、町内に残った幹部数人と消防団員は、約4・7キロ先の福島第一原発から「ドーン」という音を聞いた。水素爆発が起きた音である。

だから、一歩家の中に入れば、生活の痕跡が残っている。玄関先に残った福島民報は「2011年3月2日」付で、いかにもローカルニュースという人事ネタが大々的に一面を飾っていた。新聞記者にとって、担当する県庁や県警の人事をすっぱ抜くことは最大の名誉の一つだ。きっとこの記者は、「よくやった」と社内でそれなりに褒められたのだろうと思った。それも平時の光景だ。

外からはまったくわからないが、家族で囲んだテーブル、子供が使っていた机、賞状、子供部屋に置かれたままの小学校や中学校の教科書は、日常を伝えている。子供が家を飛び出し学校に通い、そしてまた帰ってくる。そのひとつひとつが喪失した。

今、この一家は行政の形式上は転居したという形になるのだろう。避難先で暮らすと決めた人、帰ることを諦めない人……、決断は人それぞれ、違う時期にすることになる。共通しているのは、そこにあった暮らしが残り続けているという事実だ。避難が続く帰還困難区域だからといって、懐かしさや思い出が消えるわけではない。

帰り道、休校になった福島県立双葉翔陽高校に「今、君の夢を叶えよう!」と赤字で書かれた看板と、広域避難場所になっていることを示すピクトグラムが残ったままになっているのを見た。迅速に避難したはずの場所から、さらに避難を迫られる「想定外」が起きたことを物語るような看板に思え、私は車の中から持っていたカメラのシャッターを連続で切っていた。

3

それから4年後の大熊町や双葉町は何が変わったのだろうか。２０２０年3月5日にＪＲ常磐線大野駅周辺の避難指示が解除され、3月14日に富岡駅から浪江駅間の運転が再開した。駅の構内は自由に立ち入ることができ、周辺の道路も通行できるようになった。解体され、重機にならされ更地になった場所、そして駅周辺は綺麗に整備されている。それだけを見れば、復興が進んだという言い方はできる。

自由に移動することを制限されたかつての6号線に比べれば、10年かけて通れる道を増やし、鉄道も取り戻すことができたこと。それ自体は大いに歓迎すべきことであるのは間違いない。

特定復興再生拠点区域という区分が新しくできて、大野駅周辺はそれに指定されている。

しかし、少し車を走らせれば、目にするのは多くのゲートである。私が通った鮒沢橋《ふなざわ》という橋には、青いペンキで塗られた欄干に、「国鉄常磐線」の文字がいまだに残っていた。きれいに修繕された駅舎と、使い古された橋のギャップには妙に生々しいものがあった。表向きの復興と、現実とのギャップ……。

さらに生々しさを感じさせたのは、6号線と合流してからだ。大熊町の海沿い、6号線からみて東側の地域は多くが中間貯蔵施設の用地に指定されている。「中間」という名前の通り、福島県内で大量に発生することになった放射性物質を含む除染土壌や、除染作業で出た廃棄物をあくまで「最終処分」する前に留め置くだけの施設だ。福島第一原発をぐるりと取り囲むように設定されている。

ここを通るたびに、思い出すやりとりがある。数年前に、中間貯蔵施設の中を取材する機会があった。その時点では、まだ多くの民家が取り壊される前だった。担当する環境省の職員が内部の案内をしてくれたのだが、彼が1ヵ所だけ私の質問に声を荒らげる場面があった。更地になったばかりの土の上を歩きながら、こんなことを聞いた。

「ここはあくまで中間ですよね」

「そうです。中間です」

「ここが中間ではなく、最終の処分場になる可能性は本当に無いんですか？　最終処分場をどこにするかという動きがあるようには見えないので、ちょっと気になります」

「いや、国として総理（当時は安倍晋三）も30年という約束をしたんですから。破ることはできないですよ。うん。それだけはできない。ここは、元々の所有者がいる土地なんです。町民がどれだけの思いで許諾してくれたかを私たちのような現場はよく知っているんです」

あまりに強い口調に、次の質問はできなかった。時の安倍政権が福島問題に熱心だったのは、2020年に開かれるはずだった東京オリンピックに関係する話題だけだったように私には見える。だが、現場にしか理解できない苦悩は当然ながらあるはずだ。彼は一拍おいて、こう付け加えた。

「あっすいません。ついついここに来ると話したいことが多くなってしまって……。今のは私の個人的見解ということで、もし記事にするようなら名前は勘弁してください」

すぐにニュースにする気もなかった私は、その辺はちゃんと配慮すると約束して、そっと手に持っていたノートを閉じた。彼の言葉はあまりにも現場の綺麗事だと思ったが、現場から綺麗事を言う人間すらいなくなってしまえば、あとは政治的な力関係だけで物事が決まってしまう。

＊

かつて通れなかった道、通った時にあったことを思い出す道——。それが私にとっての6

号線ということになるのだろう。道を走るだけで、10年間が見えてくるような錯覚があった。それは、取材をしたとしても書くことができていないものがいかに多いかを示しているのだろう。福島に足を運び、人の話を聞いて、東京に戻り、また話を聞きにいく。その繰り返しでわかるのは、いかに自分が何もわかっていないかだ。わかっていないからこそ、いろんな人の声を聞きたいと思っていた。

そんなことを考えながら、手元にあるiPhoneでグーグルマップを起動させ、伝承館までの道のりを確認した。レンタカーに設置されたカーナビには無い施設を目指しているため、うまく案内が表示されないのだ。双葉町は、伝承館が位置する中野地区を中心に「復興産業拠点整備事業」を進める計画を打ち出している。6号線から東に折れていく道路もまた、真新しい。復興の拠点となるエリアとそうではないエリアの差は双葉町でも激しいものがある。

伝承館について、こんなニュースが流れてきた。

《震災や原発事故の教訓を伝える目的で福島県双葉町に20日に開館した「東日本大震災・原子力災害伝承館」が、館内で活動する語り部が話す内容について「特定の団体」の批判などをしないよう求めていることが関係者への取材でわかった。県などによると、国や東京電力も対象だといい、語り部から戸惑いの声があがっている。

伝承館は、東京電力福島第一原発事故による避難指示が一部で解除されたばかりの双葉町に福島県が建設した。各地で収集された24万点の資料から150点あまりを展示する。収集費などを含む計53億円の事業費は国が実質全て負担した。国の職員も出向する公益財団法人「福島イノベーション・コースト構想推進機構」が管理、運営する。》（2020年9月22日付朝日新聞）

私が伝承館に行って確かめたかったのは、誰が何を伝承する施設なのかという一点だった。その問いを明確にするため、一つの作品を取り上げてみたい。晩年の手塚治虫が描いた『アドルフに告ぐ』という作品がある。この作品は、これまでの手塚作品とは違うやり方でタイトルが付けられている。手塚の代表作は、多くが主人公の名前をそのまま冠している。『アドルフに告ぐ』はそうではない。タイトルからして多くの謎が含まれている。

すなわち、誰がアドルフに、何を告げようと言うのか。

『アドルフに告ぐ』は、ナチス総裁のアドルフ・ヒトラーによって引き裂かれることになった、神戸に住むユダヤ人のアドルフ・カミル、その親友でナチス党幹部を父に持つアドルフ・カウフマンという3人の「アドルフ」を主人公にした漫画であると説明されてきた。しかし、謎の答えに迫ることができない。

つまり、この作品には3人のアドルフではない隠れた主人公がいて、彼だけがアドルフたちに告げるメッセージを持っている。隠れた主人公とは、狂言回しとして登場するジャーナリスト・峠草平である。

1936年、ナチスのオリンピックとして語り継がれることになるベルリンオリンピックを現地取材していた峠は、留学していた弟が殺害されていたことを知る。ところが、弟周辺をいくら探っても生きていた痕跡そのものが消されているような証言ばかりしか出てこない。

彼は事件の真相に接近するために、取材を重ねる中で、弟殺害の背景に世界を震撼させる最高機密文書があることを突き止める。峠にとって弟の人生そのものとも言える機密文書を巡り、神戸に住む2人のアドルフの人生は交錯し、各国のスパイたちまで入り乱れての争奪戦を繰り広げる。だが、物語の途中で文書は守るべき価値をなくしてしまう。ナチスの情報将校になったアドルフ・カウフマンが、最終的に文書を勝ち取ることに成功したが、ヒトラーの死とともに、文書を守る理由が消えてしまうからだ。歴史的文書が一夜にして紙切れに変わるアイロニーが主題ならば、さほど紙幅はいらないし、謎めいたタイトルにする必要はない。私には、物語最終盤、わずか2章分ではあるものの、彼らの「戦後」が描かれているシーンに手塚が問いかけたかったテーマがあるように思われる。

ドイツから迫害されていたユダヤ人は、パレスチナにイスラエルを建国し、現代まで続く、紛争とテロの歴史が始まった。カウフマンはユダヤ人と戦ってきた過去を買われ、パレスチナ解放戦線の闘士として「おれの正義のための戦争」を戦い、一方の神戸時代の親友カミルはイスラエル軍の中尉として、数々のキャンプ襲撃作戦を成功させ、パレスチナゲリラ殺害という成果を積み重ねていた。彼らは彼らの「正義」の中で、振り上げた拳を下ろせないまま、最後の戦いに臨んだ。

それぞれが悲劇的な結末を迎えた3人のアドルフを見届けた峠は、取材をつみかさね「アドルフに告ぐ」という本を書き上げようとしていた。カミルの妻を前に執筆の意図をこう説明している。

「正義ってものの正体をすこしばかり考えてくれりゃいいと思いましてね…」

峠が、3人のアドルフに「正義の正体を考えてよ」と告げる。これがタイトルの意味だ。正義というのは強い。そこに絶対的な正しさがあるからだ。マスメディアもまた、正しい側であろうとしており、そうであるがゆえに時々の「正義」に抗えなくなる。「復興」しかり、「感染症対策」しかり、伝えることはその時代を生きている人間の数だけあるにもかかわらず、絶対的な正しさを掲げようとする人は後を絶たない。正義は正しいがゆえに酔いやすい。教義に酔い、言葉に酔い、そして正義の中にいる自分自身にも酔いしれる。対立するもの、異質なものへの攻撃をすべて正当化するのも正義だ。周囲も同調していけば、異質な声はやがて聞こえなくなり、正義もまたタコツボ化する。その結果、待っているのはより極端な思想であっても大多数の熱狂とともにお墨付きを与えられたという現実だ。3人のアドルフはそれぞれに「正義」を生きて、それぞれの「正義」に死んでいった。

手塚は、峠にこんな言葉を語らせている。

「日本中の人間が戦争で大事なものを失った……／―それでもなにかを期待して精一杯生き

てる　人間てのはすばらしい」

　時にどうしようもないことが起きても、それでもなお、人間の存在を肯定する。正義が暴走し、絶望的な結果をもたらしても、あるいはおよそ絶望的な困難に直面しても人間は立ち向かうことができる。風向きが変わった時に、再出発の一歩を踏み出すことができる。その力に手塚は可能性を見出し、最後の最後まで描こうとしていた。

　日本中が本当は東日本大震災で、福島第一原発事故で大事なものを失ったはずだった。しかし、もう忘却は進んでいる。事前に流れたニュースを読む限り、伝承館が伝承したいのは、ある意味では一面的な歴史である。それで忘却に抗えるのか。それでも、まずは見てみないと始まらない。私は伝承館に足を踏み入れた。

「東日本大震災・原子力災害伝承館」の中に入り、チケットを買う。入り口から胡蝶蘭がずらっと並ぶ光景は、いかにも新しい施設というものだ。入り口でしばらく待っているようにと職員に呼び止められた。時間に合わせて、映像を見てから入ってもらうというのが理由だった。ぱっと見たところ4～5歳の子供と一緒にきた家族連れがいる。祖父母とおぼしき老夫婦に「ねーこれから何見るの」と聞いている。2011年から時間が経てば、当時生まれてすらいなかった世代が育っている。

　あらかじめ、感想を書いておけば伝承館そのものの展示は決して悪くはなかった。批判している人々が言う恣意的な展示があるわけでもなく、ひどいものでもない。一度行ってみるのは決して無駄な経験ではないと思う。すべての展示を見終わって、私が最初に思ったのは「だが、しかし……」というものだった。強い不満もなければ、逆に強く心に刻み込まれるわけでもない「しかし……」と思ってしまう何か、である。

時間になり、職員がフロアにいる来場者に声をかける。中に入ると、やがて、横幅8メートルほど、床面もあわせて7面のスクリーンいっぱいに映像が映し出された。ナレーションを担当していたのは福島出身の俳優西田敏行で、静かな音楽をバックに福島訛りで語りかけていた。

「1967年、あれはまだ私が二十歳のときです。日本は高度経済成長の真っ只なか、国が進める原子力計画のもと、ここ福島県でも原子力発電所の計画が始まりました。地元には大きな雇用を生み出したのです。1971年3月には東京電力福島第一原発1号機が建設され、作られた電気は毎日首都圏に送られて、日本の成長を支え続けたのです。そして40年後の2011年3月11日午後2時46分……。東日本大震災。マグニチュード9・0、日本観測史上最大規模の地震が発生しました。福島第一原子力発電所は全交流電源を喪失。原子炉を冷やすことができなくなって、原子炉建屋が水素爆発を起こしました。（中略）いまみなさんがいる建物があるここも、長いこと避難指示区域だったんだ。復興はまだまだ道半ば。光もあれば影もあります」

原発ができるまでの暮らし、住民避難の様子、事故後の廃炉の様子までナレーションとともに映像が続いていく。もとになっている文章は目配りが利いたもので、全方位に配慮がある。基本的に略称や通称は使わず、公式名称で統一し、表現も政府や自治体が発表する公式の文書でよく目にするものだ。これはある意味において、地元の知恵なのだろう。嚙み砕いた表現を使って齟齬《そご》をきたすくらいなら、ちゃんと公式で整える。東京電力の社員といっても、多くの人は地元の住民でもあった人たちであるのだ。結果的に声高に責任を追及するわけでもなく、歴史を辿りながら語りかけるという形に落ち着いたのだろう。

螺旋《らせん》状のスロープを上がり、展示コーナーに入る。展示は2011年以前の日常や原発との共生が実現していた日々を振り返る「災害の始まり」、事故直後の生活を展示する「原子力発電所事故直後の対応」、日常の変化を住民の証言VTRや展示品で見せる「県民の想い」、そして「長期化する原子力災害の影響」と「復興への挑戦」というエリアに分けられている。

通しで展示を見た時、納得したのは伝承館が伝えようとする「物語」だった。福島にとって、ネガティブな「災害」から、科学的に正しくポジティブな「復興へ」、さらに教訓と学びという物語が描かれている。比重は困難から立ち向かうことにかけられている。原子力災害の影響は「資料や解説を通し学んでいただく場」という位置付けになっていて、「復興への挑戦」は文字通り挑戦する県内の企業や個人の動きが展示されている。

伝承館の初代館長は長崎大学の高村昇教授である。高村の専門は広く取れば内科と公衆衛生学ということになるのだろう。長崎大学で被爆者研究を牽引し、チェルノブイリに何度も足を運び健康被害の影響を調べ続けている。彼は、２０１１年の原発事故直後から福島に入り、その年に福島県の放射線健康リスク管理アドバイザーに就任している。川内村の村長遠藤雄幸の依頼で、村の放射線測定に携わるという実績もあり、福島との関わりや長崎、チェルノブイリというフィールドを通して放射性物質と健康被害についての知見も有している。彼のバックボーンと「学び」というコンセプトはきれいに合致する。

高村は日本原子力財団のウェブサイト「エネ百科」への寄稿でこんなことを書いている。

《伝承館では、これまでの福島における災害への対応、復旧・復興に係る経験と記録を教訓として体系化し、教訓を抽出するとともにさまざまな手法で情報発信することで、復興および防災を担う人材の育成を図ることを目的として、調査・研究事業を行なう予定です。伝承館における調査・研究は、世界で唯一の地震、津波と原子力災害という複合災害を経験した福島において、そこから得られた教訓を、世代を超えて継承するためには必要不可欠な事業であると考えています。具体的な研究テーマについては、これから議論を深めていきたいと考えていますが、予想していなかった原子力災害の発災において、放射線影響への懸念にどのように対応したのか、リスクコミュニケーションがどのように実施されたのか、あるいは複合災害において行政がどのような対応をとったのか、地域コミュニティや地域産業が、原子力災害による崩壊を経て、どのように再生していったのか、その中で住民意識はどのよう

に変遷していったのか、などといったことについて、専門家や学会等とも連携しながら研究を進めていきたいと考えています。》

ここでのポイントは、やはり「教訓」と「崩壊」からの「再生」という言葉になる。これ自体が悪いことだとは思わない。原発の廃炉にしても、現状は課題だらけで２０１１年を起点にして40年、いまから30年後には終えることになっている。だが、溶解した核燃料デブリの取り出しにしても技術的にはかなりの困難が待っているが、経産省にしても、東電にしても口にするのは前向きなことばかりで「全体として進んでいる」という認識を基本にしている。

ポジティブに現状を捉えるのならば、廃炉に使われる技術は今から開発しなければいけないものも多々あり、福島は廃炉テクノロジーの最前線を試す場になっていく。それは必然的に、世界のどこかで次の原発事故が起きた時のモデルになる。福島モデルを作り上げて、世界中に発信することが大事だ。廃炉はいつかは終わるとは言え、新しい産業とビジネスチャンスを創出するものであり、最先端が宿っている――。

私もかつて、こうした「物語」を語る一人だった。原動力になっていたのは、福島に対する「風評」への憤りだ。自分で選んだ仕事がいつの間にか、原発事故のリスクを被《かぶ》らされることになり、およそ科学的とは言えない思い込みで攻撃される人たちを見てきた。当たり前の営みとして農産物を作った農家に対して、「人殺し」だと罵る悪質な差別も見てきた。私はデータに基づいて反証することだけが自分の役割で、その上で、新しくポジティブな物語を上書きすることが重要だと思い込んでいた。しかし……。

4

伝承館の中に原発事故直後の避難、高村の言葉では「予想していなかった」事故直後の証言や様子が展示されたコーナーがある。ここで起きていたのは、まさに宣言なき緊急事態だった。医療機関のメモや自治体の白板は生々しく、緊急事態を伝える。

医療機関の手書きメモより抜粋――《3月11日18時26分新地町500世帯流失　南相馬市10数名閉じ込められた。日赤病院、搬送のみ受け入れ可　レントゲン×　テレビ福島第一原発、原子力緊急事態》

自治体職員が白板に書いたメモより抜粋――《大熊町住民　ミヤコジ中学校↑満杯　常葉中学校へ

双葉町住民　川俣小学校

浪江町　津島活性化センター　津島支社》

こうしたメモを見て、あらためて考えるのは、「予想していなかった」という言葉の意味だ。なぜ予想していなかったのか。予想した時点で、原発を危険なものだとみなすサインになったからだ。原発は安全だから設置するのであり、避難を考えることは危険だとみなすことになる。結果、「原発は安全」というメッセージが電力会社からも強く打ち出され、住民に限らず日本中でなんとなくこうしたメッセージを受容する空気が生まれていた。その象徴が原発事故直後に、ミュージシャンの斉藤和義が歌った「ずっとウソだった」という曲だ。

自身の代表曲、「ずっと好きだった」を改変した一曲は、SNS上で瞬く間に広がり、おそらく本人も予期していないほどの反響を呼び、反原発運動のアンセムとなった。私は当時から違和感があった。ウソだった、と言うためには少なくとも「原発は安全である」だと信じる必要がある。その根拠は、電力会社や国、そして「マスメディア」が「安全というものは安全」と主張していたはずだといったものに過ぎない。斉藤やこの曲を熱狂的に受け入れた人々――その中にはマスメディアの一翼を担っているはずのジャーナリストたちもいた――は本当に信じていたのだろうか。2011年3月11日まで「日本の原発は決して事故を起こさず、電力会社や政府に任せていれば安全だ」と本当に思っていたのだろうか。そうだとすれば相当にナイーブである。

彼らの心情は事故を起こした東電、そして政府をウソ吐きだと言えば、自分たちは騙された被害者だったと永遠に言い張ることができるというものだろう。

だが、騙されたと主張することで、信じてしまった自身の責任は棚上げされる。自身を省みることができない人間は、また新しいウソに騙されることになる。騙されていたか否か、想定外か想定内か、メディアが悪いか否かという二項対立では問題は見えない。教訓とは、ゼロか１００かの論争ではなく、膨大な中間を見極めることで生まれる。

そのことを私に教えてくれた一人の人物がいる。大森真――テレビユー福島（ＴＵＦ）で報道局長を務め、その後飯舘村の職員へと転じた元テレビマンだ。

彼は「中央」の視点に抗ってきた。２０１２年春、ある日曜日のことだ。キー局のＴＢＳから直通電話がＴＵＦのデスク席にかかってきた。福島市の中心部に位置する社屋の一角にある報道フロアは、普段なら人がそこかしこで行き交っているのだが、その日ばかりは静かだった。電話を取ったのは、この年の春に報道部長として報道現場に復帰した大森だった。震災から1年の節目と前後して激務が続いていた部下を休ませるために休日出勤を買って出て、デスク当番をしていた。普通ならば管理職がやる仕事ではないが、なるべく多くの部下に休暇を取らせるシフトを組んでいたためである。この日曜日、福島市内の小学校で２０１１年の東京電力福島第一原発事故以来、初めて屋外で運動会が開かれていた。キー局のＴＢＳからは全国ニュースで扱いたいので、出稿するようにとあらかじめ依頼がきていた。

問題はどこを「ニュース」と捉えるのか、である。大森は事故後、福島市内での空間放射線量も大気中の放射性物質も減少し、子供たちが思いっきり外で運動会ができるようになった喜びこそがニュースだと考え、ＴＢＳに映像と原稿を送ったところだった。問い合わせの第一声は「マスクをつけて運動会をやっているのは異常ですよね」というものだった。東京からは立て続けに注文が入る。

「あの、子供たちのマスクの画《え》はないんですか？　マスクをつけての運動会は異常で、この異常さこそニュースなんだから、マスクの画をくださいよ。それがないとニュースじゃないでしょ。ＮＨＫはちゃんとマスクの画を流していますよ」

この一言に、大森は怒ることになる。低学年の玉入れで、マスクをつけて競技をした場面があったことは事実である。しかし、それは誤って落ちた玉を口に入れないようにするため、原発事故以前からやっていた現場の知恵だった。マスクを放射性物質が付着した粉塵を吸引しないための工夫だとする位置付けは、あきらかな勘違いもしくはミスリードであり、福島で運動会をやることも「異常だ」とは言えないと彼は東京に反論する。

「それは事実に反していますよ。そんな画《え》は送れません」、と。

これはＴＢＳとＴＵＦの立ち位置の違いを端的に示している。後年、ＴＵＦに移籍することになる元ＴＢＳ・桶田敦の論考によると、ＴＢＳの報道姿勢はこうなる。

《「国民的な関心事として、『原発事故を再発させてはならない。あるいは原発事故の影響は測りしれない』といった前提＝議題設定に立ってニュースの編集権を行使している」》（調査情報２０１７年11月・12月号「原発報道と議題設定　～ローカル局とキー局の対比から～」）

対して、大森が打ち出したのは「福島で生きていく自信と誇りを取り戻すために働こう」

という姿勢だ。確かに影響は測り知れないだろうが、それでも人間は生きていかねばならない。TUFの記者や多くのスタッフもまたメディア人である前に、一人の生活者であり、避難という選択肢を選ばずに現地に残った地元の人間だった。同じテレビから、価値観が異なる二つの報道が、同じ時間帯に「ニュース」として流れてくることを福島で生活する視聴者はどう思うか。

「当然、おかしいと思うでしょ」と私を目の前にして、大森は言った。

5

大森は福島市内で生まれた。父は県庁職員だった。中学時代、兄の部屋にあった小説を読み、そのなかに出てくるジャズにハマった。県内屈指の名門進学校、福島高校に進学しても熱は冷めることがなく、ジャズ研究会を立ち上げ、初代部長に就任する。ちなみに3代目部長は後にNHK連続テレビ小説「あまちゃん」で大ブレイクすることになるミュージシャンの大友良英だ。

大森がとりわけ好きだったのは、モダンジャズの父と呼ばれたチャーリー・パーカーだった。学校の勉強そっちのけで福島市内のジャズ喫茶に入り浸り、レコードから流れてくる音に全神経を集中させた。新聞配達のアルバイトで貯めたお金でテナーサックスを買い、練習に励む。ジャズと演奏に関する勉強だけは熱心だった。

とりあえず受験はなんとか乗り切り、無事都内の大学に進学するわけだが、そこでもまずはジャズが優先で、勉強をした記憶はあまりない。この頃の大森は本人いわく「主体性がなく流されている人生」を歩むどこにでもいる若者だった。都内で中規模の広告代理店に就職したが、あっさりと半年で辞めた。なんとなく身が入らないと思って辞めたところに、母親から電話がかかってきた。理由はそれだけだった。

電話の内容は「福島にテレビ局ができる。帰ってきて、入社試験を受けたらどうか」と勧めるものだった。都内でとくにやりたいこともなかった彼は、ここでも流されるようにUターンを決める。深く考えることなく「音楽番組を作りたい」と言っていたらあっさりと、1983年に開局したTBS系列のテレビ局TUFに就職が決まった。さして深い理由もなく、流されるように就職した先がたまたまテレビ局だった。立ち上がったばかりのテレビ局から告げられたのは、報道記者の仕事だった。それも激しい競争が繰り広げられている県政担当である。上に誰もいないから1年目から現場の責任を負うキャップをやれ、という。

県政は選挙を含め県内の政治・行政を取材する部署で、地元紙は方々に人脈を張り巡らせた百戦錬磨のベテランが、全国紙は地方勤務から本社への栄転を狙う野心いっぱいの若手が任されるポストだ。普通なら新人にやらせることのない無茶苦茶な人事が、まだ歴史の浅い

ＴＵＦではまかり通っていた。担務はもう一つあった。これも福島なら付いて回る原発担当だ。県庁内の仕組みも、原発の構造も放射線の単位もわからないなか、記者生活が始まる。原発、放射線、地方行政、予算、そしてジャーナリズムとは何か。すべて一から勉強した。

ジャーナリズムの存在意義とは人々の生活を良くするために、権力を批判し、警鐘を鳴らすこと。それが役割だと他社の先輩たちや本から学び、そして実践してきた。彼がまだ駆け出しの県政記者だった頃、福島第二原発で、部品の落下事故が起こった。東電の広報対応は速やかではあったが、細かい事故も重大な事故も、同列に対応しているように大森には思えた。この落下事故も同じだ。周囲の記者も東電の説明を真に受けて、大きく問題視しているようには思えなかった。大森は「部品の落下を軽視してはいけない」と事故を追及する姿勢をとる。

東電の主張を批判的に検証し、事実を見極めるという方針を立てた。さらに、１９８６年のチェルノブイリ原発事故も忘れられない経験だ。日本の原発には関係がないと言えるのか、この事故は、と福島県内のニュースでも積極的に取り上げていった。

大森は「自分は反原発派・脱原発派か、と聞かれたら自信を持ってイエスと言うね。今も昔も」と答えてきた。彼にとって、チェルノブイリ原発事故からの学びは原発とはリスクが高い技術であり、一度事故を起こしたら社会やコミュニティーごと壊れるというものだ。小さな、と東電が主張しているとはいえ事故は常に起きていた。チェルノブイリのような事故が起きてもなんら不思議ではない。

約10年続いた県政キャップを終えて、彼は初めて編成担当に異動となった。どの時間帯に、どんな番組を流すのかを決める部署だ。念願だった、福島のライブハウスでの収録をメインとする音楽番組の制作にやりがいを感じ、出世ポストでもあった東京勤務も着々とこなし、編成部長という要職で2011年3月11日を迎えることになった。

強い揺れを感じた午後2時46分、全局を映すために壁に並べているテレビが激しく揺れていた。当時は地上デジタル放送への移行期であり、重たいブラウン管のテレビも混じっていた。会社の中にいた大森は外に飛び出した。机の下に隠れるより、社屋の外にある駐車スペースに出たほうが安全だと判断したからだ。

揺れが収まり、編成のフロアに戻る。余震が続けてやってきた。彼のすぐそばにあったブラウン管テレビが落ちてきそうになり、反射的にさっと手を出して棚から落ちないように支えたが、長い時間、重さと揺れに耐えるのは無理だった。支えることをあきらめ、とっさに手を離して、棚から離れた。その瞬間にがしゃんと大きな音がして、テレビは床に転げ落ちていった。

すぐに、マスタールームと呼ばれる部屋に入った。系列内各局がキー局に送る映像がすべて確認できる場所だ。宮城、岩手の系列局から送られる映像は、この地震が尋常な規模でないことを物語っていた。この部屋にはもう一つ重要な映像があった。海から原発を定点観測するカメラからの映像だ。TUFが独自で設置したカメラから流れてくる第一原発の映像を、大森はリアルタイムで確認した。

記憶はそれから、ところどころ抜け落ちている。大きな揺れから約50分後、カメラ越しに海が泡立っているように見えた。一体何が起きるんだとモニターを注視した。そこに真っ黒な塊が原発を直撃する。これが津波だった。怖いというよりも「あっきてしまった」という思いが先にあった。大森にとって、想像を超える事態はここだった。人的ミスと地震までは想像できていたが、これほどの津波は彼の想像を超えていた。強い恐怖を感じたのは、津波から24時間が経過した12日午後3時36分に起きた1号機の水素爆発だ。TUFのカメラはこの映像を収めることに失敗してしまった。津波の影響でカメラのバッテリーが途中で切れてしまい、12日の昼までしか映っていなかったからだ。爆発は他局から流れてきた、水素爆発の映像で知った。彼はとっさに最悪のシナリオを想定した。水素爆発の詳細はまだわかっていなかったが、放射性物質の飛散量を確認すればおおよそ何が必要かは推定できる。

仙台に下宿していた大学生の長女に電話をかけ、事態が落ち着くまで仙台で待機するよう厳命し、福島の自宅にいた妻には「線量が上昇した場合に備えて、いつでも仙台まで避難できる準備をしてくれ」と伝えた。無論、自身は残るつもりだった。各地で計測された放射線量を見比べながら、3月15日の時点で大森は考えられるなかで最悪の事態、つまり県内全域かそれ以上の避難が想定される事態は免れた、という確信を持つ。彼がいた福島市内の放射線量が、その時期をピークに増え続けることがなかったからだ。

チェルノブイリ原発事故のデータを思い起こせば、立ち入りが制限されている地域の汚染レベルには到底達していないことがわかり、彼は少なくとも、家族を避難させる必要はないと判断した。放射線はもともと自然にあるものなのだから、あるかないかではなくどの程度あるのか、危機時にはどの程度数字が上昇するのかを見極めろと部下にも指示した。

当時を振り返ってほしい、と私が質問したとき、たとえばねと彼が言ったのは避難のことだった。避難を指示されたエリア外には、自主的に避難をした住民も数多くいる。「あの時、逃げた人……」という周囲の視線に耐えられなくなり、なかなか戻るに戻れないという問題も現実に起きていた。あるいは本当なら避難せず、自宅で待機していた方がいい高齢者たちを無理に避難させたばかりにストレスが死期を早めたと悔いる人たちもいた。

「避難、と一口にいっても個々人の生活との兼ね合いで、したほうがいい場合もあれば、しないほうがいい場合もある。たとえば、外部被ばくで空間線量が年間で1ミリシーベルト（mSv）に達するのは、空間線量毎時0・23マイクロシーベルト（μSv）の場所だという話が福島で広く知られるようになったのね。だけど、本当にそうなのか。自分たちで個人線量計をつけて計測したから自信を持って言えるけど、これは間違っているんだよ。

外部被ばくの計算は、そんなに単純なものではなくて、人は同じ場所にずっと立っているわけではないという事実を考慮しないといけない。人は生活するときに24時間同じ場所にいるわけではなく、移動するでしょ。だから、実際にどのくらい被ばくしているかを計測するほうがよっぽど大事。机上のデータで論じてもしかたなくて、実際の計測データに勝るものなし、なのよ」

彼にとって２０１１年以降の報道というのは、地域に住む人々の尊厳を可能な限り尊重する報道と言い換えることができるだろう。いま福島に住んでいていいのか。生まれ育った故郷に戻ることができるのか。福島に生まれてきたことを絶望しなくていいのか。根底にある疑問に真っ向から応えていく。これが地域に生きるメディアの役割である、という決意である。尊厳を考えるために、必要としたのはデータだ。東京のメディアは「マスク」を強調した画《え》を撮ったり、福島県産の農産物が放射性物質の基準値を超えたりしたら大きく報道する。健康の問題もそうだ。福島で本当にリスクが高いのは被ばくよりも、糖尿病やストレスであることは多くの医学論文で検証されてきた事実だ。

それでも、子供たちの被ばくのほうが大きなトピックになった。結果として、福島で生活するという決断を後悔させたり、絶望させたりするのではないだろうかと彼は考えていた。もう住めないと言われたり、自分の職業や職業的な誇り、生きがいを否定されたりすると人は死を選ぶ。自分たちは原発事故を再発させないためだ、とか、時の権力を批判するためだと思って、正当化している言葉が人を死に至らしめることがある。それも、国家権力とは直接関係ない、ただ生活を送りたかった人の死につながってしまう。

「人々の生活を良くするために、権力を批判し、警鐘を鳴らす」ことがジャーナリズムの存在意義であるとするならば、人々の生活を良くするとは何か。ここが問われたのが原発事故報道だった。原発事故を批判するために、センセーショナルに報じたところで、人々の生活は良くはならないどころか追い詰めることになる。運動会があった日、福島市内で24時間子供が屋外にいて空気を吸い続けても、0・0008マイクロシーベルトに過ぎない。警鐘を鳴らすに値する数字とは言えない。報道するならするで、どういう科学的知見をもとに判断したのか。そこまで説明する必要があるというのが、彼の言い分だった。

そんな大森の報道姿勢は「福島全域は危険だ」という〝科学的立場〟を表明する全国のメディアや科学者から、強烈な批判を浴びてきた。住民を間違った方向に導いている、と言われたこともあった。だが、彼は割り切っていた。批判する人たちがいたとしても、彼らは福島で生活をするわけでもないし、生活する人々と一緒に手を動かすこともなかったからだ。大森が尊敬している安斎育郎《あんざいいくろう》という科学者がいる。東京大学工学部原子力工学科を卒業後、一貫して反原発運動の旗手として活動してきた科学者だ。チェルノブイリ原発事故も鋭く批判し、日本の原発政策の難点を指摘したことでも知られている。その安斎をゲストに招き、彼は長時間のインタビューを収録した。安斎は大森たちとともに、データを見たうえで、福島で日常を暮らすと決めた人たちを肯定した。データを共有すれば、原発への賛否とか立場と関係なく、分断を超えて同じ見解を導くことができるという自信を彼に与えた。

同じ時期、東京とその周辺では、原発政策を批判することと、事故の責任を追及することと、福島での生活はできないことを同時に訴えることが一つの姿勢だった。３つの問題にすべてイエスと答えることが政府を批判することであり、切り分けないことで広い意味で運動の言葉としては機能したとも考えることができる。

３つはきちんと切り分けて、別の問題として考えていい。しかし、彼のような見解は残念ながらメディアの中では少数派だった。マスクをめぐる問題に象徴されるように、「原発事故の影響はまだわからないからこそ、警鐘を鳴らす」という空気が支配的だったからだ。大森もわからないことがあるという点は認めている。しかし、同時にわかってきたことが多いのもまた事実であると彼は考えている。そして「わかってきたこと」に東京のメディアは冷淡である、と。

こんな事実がある。福島県産の米は全量全袋検査をやっていて、基準値超えは２０１５年産からついにゼロになった。県内の農家や関係者の努力の賜物であり、大ニュースだった。県内では大きく取り上げても、全国での扱いは「基準値超えがでた」に比べれば、かなり小さいものだった。原発事故が胎児への遺伝的な影響を与えることはない、ということだって科学的には十分にデータがあり決着がついている。あの日、福島にいた若者たちが「自分は子供が産めるのか、親になれるのか」と心配する必要はないということだ。福島県内で、これこそがニュースだと言えるものを発信しても、全国での扱いは小さい。「異常な話」は簡単にニュースとして扱われるのに、である。

東京とのやりとりは日増しにストレスと疲労に変わっていった。福島からのニュースは、東京では扱われないか、なかったものになる。福島では継続的に伝えてきたことでも、一度か二度、全国の放送網にニュースが流れたところで、みんなの意識ががらりと変わることはありえない。

「日常を取り戻そうって思って伝え続けてきたけど、それならマスコミじゃなくてもっと別のやり方があるんじゃないかって思ってたんだよね。大きな網をがばっとかけるようなやり方じゃなくて、もっと生活に密着したなにか……」

遅くに帰宅し、自宅でパソコンを開いて、一人で県内各市町村のサイトをチェックしていた。自分たちが報道していない発表がないか、更新された情報はないかをルーティーンワークとして確認していた。そこで、飯舘村のサイトに職員公募のお知らせがでていることを見つけた。「2016年4月採用のお知らせ」と題された経験者採用の掲示だった。飯舘村は全村避難から、帰村に向けて本格的に動いていこうという時期であり、密に関わっている取材先が住む村でもある。このお知らせが引っかかった。

50代半ばをすぎ、定年までテレビ局に残ったとしても、これ以上のことはできない。自分にやれることはすべてやった気がした。変わらない東京メディアとの関係で疲弊するのか、人生の最後の一仕事として、もっと現場に入っていくのか。考えはどんどん後者に傾いていった。

3年前に大森に飯舘村で会った時はちょうど中学生たちが福島市内の仮設校舎から、飯舘村の本校舎に通うかどうかを決める時期と重なっていた。これは多くの住民が喜んだことなのだが、村の中学生と進学する小学生全員が飯舘村の中学校に通うと決めた。いま、中学生の彼らは生まれ故郷の小学校に通ったという記憶はほとんど持っていない。校舎が「仮設」のまま中学生活が終わる生徒もいる。彼らのルーツは「汚染」か「帰れない村」というマイナスのレッテルを貼られたままだ。生徒たちに本当は帰りたくない、という気持ちがあってもいい。それでも、せめて飯舘に生まれたこと、飯舘で暮らしていたということが「負のレッテル」にならないでほしいと彼は願っていた。自分で、自分を追い詰める「セルフスティグマ」はまったく必要ない。それをなくすことが、自分が報道にいたらできない「現場」での役割であると思う、と。

もちろん、現実は厳しい。福島市内、彼の音楽仲間が腕を振るうレストランで一緒に食事をした。何本目かの瓶ビールをグラスに注ぎながらぽつり、ぽつりと語り出す。

「日常、日常って言ってきたけど、うちの村にきたらさぁ、思っていた以上に打ちのめされることも多いんだぁ……」

2017年夏、大森は芸人を村に招くイベントを企画した。地域の顔役としてイベントの告知や人集めを手助けしてくれる女性がいる。早めに帰村し、彼女を通して、人を集め、途中で交流の時間を設け、その日は大いに盛り上がったと思っていた。ところが彼女はこう漏らしたのだ。

「楽しかったですねぇ。私、飯舘にいたら笑っちゃいけないって思っていたんだぁ」

飯舘は復興の途上である、飯舘は苦しんでいる、飯舘は大変な思いをしている……。そうした言葉だけがメディアで強く打ち出される。大変なのだから、みんな苦しいから自分は笑ってはいけないと自分を規定している人々が多く残っているという現実を彼は知る。実は彼女のことはテレビ局時代から知っていた。取材時の彼女は「元気で、明るく、みんなを引っ張り、仕事もする」という姿を見せており、ニュースもそうした姿を伝えていた。

大森は自分が一体、何を見てきたんだろうと思ったという。日常を取り戻す報道に手応えもあったが、カメラを置いて飯舘村の中に入ってみれば、報道する側からは見えてこなかった光景や本音が広がる。

「日常を取り戻すって、震災前とまったく同じになるって意味じゃないと思うんだ。そんなことは、目指しても無理だと思う。変わったとしても、村で笑って生きていける。それが一番、大事なことだし、日常を取り戻すってことだっていまは思うよ。笑って生きるって難しいんだよね」

私は大森の言葉を聞きながら、その場でこんなことを聞いた。

「大森さんはさ、もっとメディアが福島の現場に寄り添うことが必要だっていってるじゃないですか。寄り添うって言葉に僕は少し違和感もあるんです。一体どういうことが寄り添うことなんですかね」

「人の話をしっかり聞くこと、そして話してもらうことだって思うんだよな。うちの村で話を聞いていて思うんだ。住民が不安を覚えた時、真っ先に彼らの不安に耳を傾けてくれたのは『福島は危険だ』って唱える人たちだったんだよね。科学的におかしかろうが、なんだろうが話を聞いてくれた人が、最後は信頼されるよ」

「あっそうか。ちゃんと話を聞いて、受け止めることを寄り添うって言葉にしたんですね。僕は寄り添うって言い分をそのまま聞いて、そのまま流すことだって思われがちだから、あんまり使わないいんですよ」

「そういうところはあるよね。石戸くんもそうだけど自分たちは科学的に妥当性が高いことを報じようとしたじゃない。でも、明らかに出遅れてしまったんだと思うんだよな。問題はその後にもあった。メディアでも、行政でも本当に話を聞いてきたのかなぁって思うんだよ。本当に人の話を聞いてきたのかって問われたら自信なくなったよ。撮って終わり、報道して終わりじゃないんだ。もっともっと『うちの村』の人の話を聞いていきたいんだよね……」

　夜が更け、ほかの客がいなくなったことを確認した店内で、大森は店主に断りをいれ、タバコに火をつけて一息ついた。現場で考え続けることを選んだ人間がたどり着いた、一つの回答を聞けた気がした。同時に、彼の思いは、報道や支援に携わるすべての人たちへの問いに転化する。震災、原発事故から10年を前に、あなたたちは人の話にしっかり耳を傾けてきたか？　と。

*

伝承館でしかし……と感じた理由がわかったように思った。伝承館は誰も傷つけないようにできている施設であり、前を向いて動き出す人々を後押しする資料館である。伝承館は「復興」に向けた「力強いチャレンジ」を紹介するコーナーで終わっている。津波、原発事故、風評といった困難に負けない生産者や事業者の姿は確かに胸を打つものがある。館内にあったイノベーション・コースト構想の事例集によれば、「廃炉」「ロボット・ドローン」「エネルギー・環境・リサイクル」「農林水産業」「医療関連」「航空宇宙」と6つの重点分野が紹介されており、それぞれにおすすめの視察コースもある。伝承館も構想の一端を担う施設だ。パラパラとめくっていると「福島第二原子力発電所の奇跡に学ぶ、リスクに強い組織のありかた」という項目が目に留まった。第二原発も重大アクシデントまで間一髪だったが、第一原発の大きな失敗をクローズアップして学ぶよりも、こちらのほうがポジティブであり、傷つけない。

伝承されるものは、当然のことながらカメラを前に語ったものや、純化された記憶になる。それは「公式」に語れることを聞いたということであり、人間の記憶は公式以外にいくらでもこぼれ落ちていく。

私は東日本大震災や原発事故に限ったことではないが、事件や事故の遺族や被災者の話を聞く時、インタビューを２つの段階にわけるようにしている。対外的に語り部を務めたり取材によく応じている人たちならば、いつもと同じように案内してくださいと依頼したり、よく聞かれている質問をしたりする。対外的に語るという活動をしていない人ならば震災当時の体験を時系列で語ってほしいと言う。ここで現れるのは、公式の場で語るときの顔だ。一通り聞いた後、その次に場所を変えて、コーヒーや食事、時に酒を酌み交わしながら、印象に残った場面をいくつかあげて「もっと詳しく教えてほしい。ちゃんと書くので、言葉は選ばなくてもいいです」と頼む。そこで、初めて出てくるのが非公式な彼らの声だ。

人間の記憶というのは、語ることによって体系的に整理されていく。どんなに辛い経験であっても、語れば語るほど事実関係は整理され、物語は洗練されていき、すっと入るものになる。メディアや視察に訪れる人々に語る中で、彼ら自身も無意識のうちに聞き入れやすい話をチョイスして、説明をするようになっていく。ところが、場所やシチュエーションを変えて、一つ別の質問を挟んだり、もっと詳しく聞いたりしていく中で体系からこぼれる語りが出てくる。人間の本質はここで浮き彫りになる。カメラの前では言えないけど——本当はそんなことはないのだが——と断りを入れてから語られる言葉は、生々しい感情が宿り、そして、揺らぐ。

6

佐竹悦子は東日本大震災の中でもとびきりの「奇跡」を体現していた。ところが、彼女は震災について「事実」しか語れなくなってしまう時間を6年以上過ごしていた。泣こうと思っても、泣けなくなり、笑おうと思っても心から笑うというのがどういうことなのかも忘れてしまった。周囲の人々は「事実」を喜んで聞き、ここに教訓があると賞賛したが、彼女の中には深いジレンマがあった。

彼女が体現していたのは、こんな〝奇跡〟だった。当時の住民約6000人のうち、750人超が亡くなり、実に宮城県名取市全体の死者の8割が集中した閖上《ゆりあげ》地区という街がある。海のすぐそばにあった市立閖上保育所は1歳から6歳まで54人の園児がいたにもかかわらず、迅速に避難が進み、誰一人死者を出さなかった。当時、所長を務めていた佐竹のもとには、後に「閖上の奇跡」と呼ばれる避難を遂行した保育所長として、福祉や保育関係者からいくつも講演依頼がやってくるようになった。

震災直後を除けば、講演は別にしても、彼女が受けた取材やインタビューは不思議と少なかった。聞けばいくつもの依頼を断っていたのだという。その理由もジレンマにあった。彼女の名前、「悦子」は第二次世界大戦に従軍し、マニラなど戦場にいた父が、戦場の病院で出会った従軍看護婦の名前からとったものだ。「人の役にたつ子供であってほしい」という願いが込められたという。彼女の人生は、父親の思いを叶えるものだった。

２０２１年8月、電話越しの彼女の声は思いのほか元気で、私はほっとした。新型コロナ禍で全国各地を講演や勉強会で飛び回るような生活は制限されているだろう。アクティブな彼女には想像以上にきつい生活だと思っていたからだ。２０２０年は「自粛」して家に閉じこもっていたが、ワクチン接種を終えたこともあって、延期して待ってもらっていた自治体から少しずつ講演活動を再開したという。

「新型コロナも津波も変わらないよね。備えがすべて。それに尽きる」

閖上保育所は海岸から約８００メートル、漁港まではわずか２６０メートル、海抜はゼロメートル地点にある保育所だ。海は身近なもので、園児たちの遊び場だった。この保育所は佐竹の初任地にして、長い公務員生活の最後の勤務地として用意された職だった。最初と最後が同じ閖上保育所、というのもなんの因果かと思ったが、濃くなった縁は嬉しかった。彼女の生まれも名取市だったが、育った内陸部と閖上のある海の方では言葉が微妙に違っていて、新人時代はよくからかわれたという。この地域に長く勤めていた彼女は、こんな伝承を聞かされていた。

「リアス式海岸ではない閖上には津波はこない」

とはいえ、である。何か起きれば、責任は自分が負わねばならない。保育士の責任とは何か。人によって回答はばらつくだろうが、彼女にとってのそれは朝、預かった命を、夕方に保護者のもとにかえすことに尽きる。所長として赴任してから、津波を想定した避難訓練や避難計画の策定を進めていた。どこの道路が渋滞するのか。子供たちがパニックにならない避難先はどこか。可能な限りシミュレーションをしていた。

だが、現実に起こった事態はシミュレーションを軽く超えていた。午後2時46分、多くの園児たちはお昼寝の時間で、ぐっすりと眠っていた。近くの公民館に外出していた佐竹は突然の大きな揺れに「これは大変なことが起きた」と思い、車に乗り込んだ。地面が波打ち、アクセルを踏んでも車は動かなかった。

のちにこの事実だけを抽出して、ある新聞が「津波が来るかもしれないのに、沿岸部に向かって車を走らせるなんて論外」という批判をしたが、彼女が想定していたのは最悪の事態だ。最悪の事態を想定すれば、これ以上の行動はあるまい。

最悪の事態、それはこのようなものだ。地震で保育所が倒壊し、逃げ遅れが発生する。危機管理において必要なのは、現場で責任を持って判断できる立場の人間がその場にいることだ。保育所に戻る、と決めてから行動は早かった。大きな揺れがおさまってからすぐに、佐竹が戻ると、園庭にブルーシートを敷き、昼寝の格好のまま子供たちが集まっていた。職員10人も外にいた。園児と職員の目線は、戻った彼女に一斉に注がれた。「所長先生、この後はどうするの？」と問われているように感じた。

最初の揺れから9分後の午後2時55分、佐竹は決断を下し、3つの言葉で指示をした。

「1、逃げます。2、職員は車を持ってきてください。3、小学校で会いましょう」

避難先は園児も散歩で行ったことがある2キロ先の閖上小学校だ。発達障害があると診断されている園児もいたため、彼らが混乱しないよう、マニュアルで最初に避難する場所は小学校と、入念に検証を重ねて決めていた。職員の車に園児を分散させ、各車に子供を乗れるだけ乗せて、逃げた。厳密に言えば褒められた行動でもないし、決して冷静ではなかった。災害用に備蓄していた防災グッズも持っていけなかった。車を取りに行くなかで、急いだためか靴が脱げた職員がいた。脱げた靴はそのままで、急いで車に乗り込んだ。

避難の途中、佐竹の車も渋滞に巻き込まれかけた。道路を逆走する車もみた。何もかもが正常な状態ではない閖上の街を走りながら、ただただ恐怖だけが募った。ハンドルを握りながら浮かんだ思いは「もし、何もなかったら笑って帰ればいい。でも、なにか起きたら私たちは全員でさようなら」だ。

よぎったのは、閖上に親戚が住んでいた職員から聞いた話だった。その親戚は「引き波が怖い」と言っていたという。もしかしたら、その引き波の兆候があるのではないか。何もないことを祈るしかできなかった。午後3時20分、閖上小東昇降口に全員がたどり着いた。園児と職員の数が合った一瞬だけは安堵できた。しかし、安心できる時間は長く続かない。全員一緒に3階建て校舎の屋上へ駆け上がった。あの日の閖上は3月だというのに、とても寒く雪がちらついていた。このままでは寒さで病気になる子供がでるかもしれないと思ったが、津波はどこまで到達するかわからない。

彼女はリスクを天秤にかけて、屋上待機を決めた。小学校に津波が到達したのは、彼女たちが到着してからわずか32分後、午後3時52分のことだった。ここでも死を意識した。屋上から見えたのは車が押し流され、人も一緒に流されている、およそ現実とは思えない光景だった。「助けて」と叫ぶ声が聞こえたが、手を伸ばしても届かないまま、人が流されていった。

津波の流れをみていると、3階までは届かなそうだと思った。屋上にとどまるか、3階に戻るか。命を預かる決断を何度も迫られた。寒さに凍える園児の姿をみて、彼女は3階に戻そうと決断した。天秤にかけたのは、凍死もしくは寒さによる病気の発症か、津波かである。

3階まで津波はきそうにない。しかし、前の波を超える大きな波がきたらどうなるか。そのときは3階まで到達しない保証はない。決断を促すような情報も一切ない中で、彼女は決めるしかなかった。このときも最悪の事態は起きなかったが、別の危機は迫っていた。午後

4時10分ごろ、プロパンガスの爆発が起きて、近隣で火災が発生していた。火の手は四方から迫る。死を覚悟したのは、この日4度目だ。地震、津波、凍死、火災――。わずか1時間20分のあいだに4度である。

火災は、もう覚悟を決めるしかなかった。避難しようにも場所はない。どうやっても無理だろう。せめて、子供たちに不安をあたえないようにしようと腹を括った。それだけが自分にできる精一杯である、と。佐竹の記憶からはすっぽり抜け落ちているが、複数の職員がこのときの指示を記憶していた。彼女は「通常保育です」と職員に指示を出した。普通であれ、という指示だ。危機の中、職員たちは視聴覚室で園児を円にし、平常時と同じように一緒に歌を歌い、お絵描きをした。あの日の夜、園児たちは誰もがみなおとなしくしていた。職員たちもニコニコ笑って、大丈夫と語りかけた。でも、みんなが不安だった。替えのオムツもない、身内がどうなっているかもわからない中で全員が不安の中にいた。彼女も例外ではなかった。

午後6時、あたりは闇につつまれ、自衛隊、報道のヘリコプターの音だけが響いていた。その頃、子供の口から「もっとも聞いてほしくない質問」が増えてきた。

「ねぇママは?」

そのたびに「必ず来るよ」と声をかけた。確証は一切なかった。子供たちに嘘をついてしまうかもしれないと思いながら。しかし、その場において結果として嘘になってしまったとしても、やむを得ないと割り切らざるを得ない状況でもあった。閖上小学校にたどり着き、無事に避難していた保護者に受け渡すことができた子供たちもいたが、残る子供も当然ながらいた。もし来なかったら……と思ったが、そんなことは顔にもだせない。午後7時過ぎ、情報収集のため小学校の職員室など学校中を動き回っていた佐竹に「食料と飲み物の配布がある」という情報が入る。子供たちがいるということは伝えてある。きっと災害で弱い立場におかれてしまう子供には優先的に配布があるだろう、と思って駆けつけたら、ほとんど無くなっていた。ジュースが7缶にパンが7個、残っていたのはそれがすべてだった。子供たちの口には一口ずつしか入らなかったが、誰一人として不満を口にしなかった。

夜、冷え込んできてもストーブがある部屋は別の人たちがいて、子供たちは使えなかった。途中、救援用の毛布が配布されていることも知ったが、職員室にいっても「もうありません」とあっさり言われただけだった。「小さい子供がいる。ゆずってほしい」と食い下がり、学校中を駆けずり回り10枚確保した。重い毛布だったが、階段を引きずりながら自力で3階まで持ち運んだ。その姿をみて、「先生、どうしたの」といって手伝ってくれたのは、保育所の近所に住む人たちだった。彼らにも情報が行き渡っていなかったのか毛布を持っていなかった。佐竹は7枚を地域の人たちに渡し、残った3枚を子供たちのために持っていった。

この時点で残っていたのは、佐竹を含めて職員11人と子供19人だった。なるべくまとまってほしいと円陣を組ませて、毛布をかけた。午後8時にはカーテンを外して床に敷き「もう遅いから寝ようか」と声をかけながら、子供たちを寝かした。毛布があっても、無いよりは幾分ましという寒さだった。普段よりも外はずっと明るかった。カーテンを外したからではない。火災のためだ。ガスの爆発音もきこえていた。何もかもが普通と違う、空気が冷たく、辛い一晩だった。それでも、この夜、子供たちは誰一人、泣くことはなかった。

どんな日であっても、朝は普通にやってくる。きれいな朝日とともに、子供たちは目を覚ました。教室の外がざわついていたので、何があったのか聞いてみると、避難用のバスがくるという。外にでるため、避難した大人たちは靴の上に黒いビニール袋を巻いていた。職員室に行って、子供たちの分はあるかと問い詰めるように聞いても、またしても「ここにはない」という。避難用のバスがやってくるなか、大人たちの避難が先に始まり、子供たちは後回しになった。

現場にあったのは、助け合いの美談だけではない。未曾有の大災害のなか、きれい事だけでは、物事は動かなかった。ビニール袋もなんとかかき集め、靴の上から覆い被せて、バスに乗せる準備をした。やっと到着した避難用のバスに乗り込み、7キロ内陸の小学校の体育館へ移動した。途中、ショッピングモールの近くに津波で流された船があった。見せたくないなと思っていたが、どうしても目に入ってしまう。子供たちは無邪気に聞いてきた。

「所長先生、お船も遊びにきたの」

「そうだね、お船もスーパーを見てみたかったのかもね」

震災から4日後、やっと最後の一人を保護者に引き渡し、3月27日に、避難所で退所式を開いた。子供たちに「津波のせいでできなかった」と思ってほしくなかった。津波はきても、これからの人生にできないことはない。小さいけれど、そんな思いを込めた式にした。退所式というのは、いつだって感動する。涙がでるほうが当たり前だ。保護者は涙を流している。普段なら自分が真っ先に泣いているにもかかわらず、しかし、あの一晩を無事に過ごした子供たちの顔を見ても、彼女は涙がでなかった。

苦悩は「奇跡」の後から深まっていく。保育所長としての任務を終えた後は、緊急事態下の「公務員」として避難所での仕事がまっていた。彼女も親族を津波で亡くしていた。それも、かつて自分が保育所の一職員として関わったことがある身体障害をもった園児とその親だった。半身マヒがあっても、親族の男の子はいつも「できない」と言わなかった。運動会でも他の子供と同じようにリレーに参加すると言ったら、最後まで意志を貫いた。佐竹は彼が意志を貫くことで、同僚の保育士たちの考え方の幅が広がったと思っている。

それはダメだ、と否定したり、排除したりすることはしない。彼の担任の保育士が距離を短くするなどルールを作って、他の子供たちも巻き込んで楽しめるリレーにした。今でこそ、インクルーシブは当たり前の概念になったが、当時はそんな言葉すらなく、どんな実践が待っているかはわからないままだった。

喪失に向き合う時間も満足にとれないまま、優先すべき仕事が押し寄せてきた。職員全員の車が津波に流されてしまったが、近所の人がディーゼル車を1台貸す、と申し出てくれた。ローテーションを組み、佐竹自身がハンドルを握って一人一人の職員を家庭に送り届け、現段階の状況や今後の見通しを説明した。職員を交代で休めるようにシフトを組み上げ、避難所での仕事をこなしていった。それなりに冷静にこなしているつもりだったが、余裕はなかった。勤務時間中に、一息ついている職員に「こんなときなのに、あなたたちは、私が見ていないとサボるのか」と声を荒らげたこともあった。

避難所での仕事に加えて、管理職の仕事もある。あの日、何が起きていたのか。振り返りもしないといけない。自然と「3・11を経験した所長先生」として振る舞っていた。市役所内であの日起きたことを聞かれても、「当たり前のことをしただけです」と答えていた。「奇跡」という言葉にも反発を覚えていた。「事前に準備していたからなのに、偶然だと言われている」ように思えたからだ。どうして、周囲はわかってくれないのか。苛立ちは募る一方だった。

時期を前後して、泣けない自分にはじめて気がつく。泣こうと思っても泣けない。親族のことを思っても、子供たちのことを思ってもどうしても涙がでない。宮城県の支援にあたっていた精神科医に打ち明けると「それはＰＴＳＤ（心的外傷後ストレス障害）ですね」と指摘された。医師は続けて、こんな言葉をかけてくれた。

「先生、あれだけ特殊な経験をしたんです。何も起きないほうがおかしいですよ」

彼女にとっても、3月11日からを生きていくというのはとても辛く、一歩踏み出すこともまた苦痛だった。彼女は防災をテーマに自治体から講演を頼まれることが多い。体験談を通して災害時の危機管理や備えについて、伝えたいと思って話しているのに、よく出てくる感想は「トップの決断が良かったんですね」というものだ。本当にそうなのだろうか、と彼女はどうしても思ってしまう。それまでよく「奇跡は偶然からは起きない」と語ってきた。佐竹の仕事を象徴するフレーズだ。だが、それも結果でしかわからない。私が初めて、彼女と出会ったのもある自治体の講演会だった。そこでも、「奇跡は……」と語っていた。

だが、二度目に閖上で会ったとき、佐竹は私の目の前で涙を流した。三度目に東京の帝国ホテルで会ったときに初めて「私はトップの決断で決まるというのは、怖いことだと思っているんです。確かに決めないといけない場面はあった。でも、振り返ってみて、本当に良かったかどうかは後からの結果論でしかない。事前に準備はしていた。でも、準備しきれていない想定外のことしかなかった。奇跡は偶然からは起きない、と言ってきましたが、もし……という思いは捨てきれない」と語った。涙は変化の象徴だった。

職員は「所長は助けにくると思っていた」と言った。だが、佐竹がとったのは新聞で批判されたように津波の避難でやってはいけないとされる海の方に車で戻るという行為だった。もし、彼女が津波のときに「正しい」とされる行動をとっていたら、残った職員たちはどうしただろうか。きっと自分がいなくても逃げただろうと信じた反面、しかし、トップ不在時の行動を想定していなかったことにも気がつく。正しさは、いつだって絶対的なものではない。トップの決断が成功したという物語は美しいが、いくつもの分岐点のなかで想定外が起きていたのも事実だ。「奇跡」に反発もしていたが、運にも恵まれていた。講演会という公式の場で、毅然と「準備なく奇跡」は起きないと語っていた彼女は、精神的には無理に無理を重ねている状態にあったことに私は数年経って初めてわかった。

彼女はずっと孤独だったのだ。「緊急事態」の決断は、結果が最良であっても人間を苦しめてしまう。彼女は地域の運動会にも足を運べないままだった。２０１７年、6年という時間がすぎて初めて成長した「園児」たちの姿を運動会でみた。年長だった子供は中学生になっていた。彼女は6年分の成長を遠巻きでしか見ていなかったことになる。

彼らは「所長先生」を見つけて軽口を叩く。

「先生、背が縮んだんじゃねぇ？」

「うるさいね。お前らが成長したんだ」

そんなやりとりができるようになったとき、彼女は孤独を消化し、次への一歩を踏み出した自分に気がつく……。

7

伝承館で私が気になったのは、緊急事態に起きた物語の過少だった。結局、よくわかったのは前を向いた人々の取り組みはたくさんあるということに尽きた。しかし、そこにあるのは公式の語りである。本当なら、大森が直面してきたような「ふるさとに帰ることができたのに笑えない人々」の姿や、「奇跡」と呼ばれることに困惑する人々の姿がもっとあってもいいはずだった。しかし、そこまではまだ伝承できる段階にないのだろう。

私は、車でいわき市方面に20分ほど南下した、東京電力廃炉資料館にも足を運んだ。16時半の閉館まで1時間を切っていたが、案内役の男性スタッフがついて、「記憶と記録・反省と教訓」「廃炉現場の姿」を丁寧にガイドしてくれた。

この資料館の立場は伝承館以上に明確だ。大きな事故を起こした東電が、自分たちの責任のもと、廃炉の経過を見せる。これに尽きる。地域を傷つけたことも、失敗の過程も、何に対して責任を感じているかも一応は明らかだ。バイアスがかかっているのも当然で、その点は見る側も理解できる。東電の姿勢はこれ以上にないほど明確であり、真正面から社会的な責任を語るしかない。東電の教訓は「巨大な津波を予想することが困難であったという理由で、福島原子力事故の原因を天災として片づけてはならず、人智を尽くした事前の備えによって防ぐべき事故を防げなかった」となっている。彼らの教訓はまだ、伝承館とは交わっていない。

「語り」には、常に不確実な要素が付いて回る。体系的に整理しようとし、語る内容をコントロールしようとすればするほど、不確実な要素は排除され、事実関係に間違いがないものだけが展示内容の一部となっていく。伝承館のみやげものコーナーに並んでいる「防災てぬぐい」というグッズがある。てぬぐいに、非常袋に入れておきたいものなどが印刷されている役にたつものだ。しかし、こうも思う。本来なら世界中から注目されるはずで、強いメッセージを打ち出せるはずの施設であるにもかかわらず、未曾有の「原子力災害」の教訓から、原子力というネガティブなものが抜け落ち、「災害への備え」という誰もが反対しない、広く一般的に受容されるメッセージへと転化してしまった。果たしてこれでよかったのかという悩みも、孤独も、悲しみも、恐怖も、喜びも、時間をじっくりかけて、いろいろな感情が同時に存在する土地をまずはいったん、受け入れるというプロセスもどこかにおいたままに……。

終章　家族の時間

1

「あぁお久しぶりです」と彼は言った。2021年7月12日——急転直下、東京に4度目の緊急事態宣言が出された夜である。お互いに移動がさほど負担にならない都営地下鉄のある駅で仕事を終えた彼と落ちあい、数年ぶりの再会を喜んだ。東京は取材に適した場所を探すのも一苦労だった。結局、私が懇意にしている飲食店の一角を借りて、軽く食事をしながら話をするということに落ち着いた。

彼の名前を仮にTとしておこう。Tは福島県沿岸部の地方都市で生まれ育ち、大学まで福島で過ごしたのちに就職し、いまは都内のIT企業で働く男性である。年齢はようやく50歳を超えたところだが、外見は実年齢よりもいくぶん若くみられることが多い。Tは今年、人生の転機を迎えることになってしまった。

彼には2008年に結婚した妻との間に一人娘がいた。同郷の妻は結婚を機に、福島に帰ることを望んだ。実家の側にいたいという要望に彼は応えた。都内の職場は事情を汲んでくれて、東京から仙台市を拠点とするグループへの配置転換をしてくれた。だが、娘と一緒に過ごした時間は3年にも満たない。2歳で2011年3月11日を迎えた娘は、妻と妻の両親（娘から見れば祖父母にあたる）とともに福島市から関西のある地方都市に自主避難した。彼女たちはずっと福島に帰ることを恐れていた。原発からの放射性物質を恐れ、福島市に暮らすことも恐れ、帰ることも恐れていた。Tの考えは違っていた。彼は家庭内に引かれた分断線の上から、必死に家族に呼びかけていた。

「福島や東北は無理でも、都内近郊ならば一緒に暮らせるのではないか」

単身赴任扱いで都内の職場にもう一度配置を換えてもらい、給与の一部を仕送りに変えて、ずっと行動の変化を待った。しかし、考えはそう簡単には変わらず、2011年から数年たった東京でも危険だということで娘はそのまま避難先で小学校に通いはじめた。別居生活は当面終わらないということを思い知らされた。ちょうど5年前、2016年のことである。取材で初めて長時間のインタビューに応じてもらった。そこで彼が何度も、何度も繰り返していたのは、そばにいて成長を見ることができなかったという後悔であり、もし同居ができるのならば「最後のチャンスは中学進学」ということだった。

そのチャンスを彼はどうやら引き寄せることに成功したらしい。SNSで流れてきた近況報告を読んでいると、娘が東京の中学に進学すること、そして新生活が始まることが抑えの利いた筆致ではあったが、しかし、写真とともに喜びが伝わってくるように書かれていた。Tと妻との間に明確な考え方の溝はいまだにある。Tからすれば信じられないことに、彼女は娘に必要なワクチン接種をほとんど受けさせていなかった。新型コロナウイルスにしても、妻はTのワクチン接種には最後まで反対した。彼の目には妻は新型コロナウイルスそのものを恐れているようには見えない。マスクは外していても問題ないと考えているようにも見えるし、極めてわかりやすく「自然」に蔓延したウイルスよりも、「人工的」ワクチンのほうが危険だと考えていた。

ここにあるのは、あまりにも考えが隔たっている夫婦の姿である。彼のもとには友人、知人、あるいは私の記事を読んでTの境遇を知った見ず知らずの人からも「もう別れたらいいのではないか」「一緒に暮らすのは無理でしょ」という声が飛んできた。

だが、彼の心境を理解しようという人はあまりにも少なかった。

2

——僕は福島市では孤独だったんですよ。職場も違う街に出勤して、出身地は別の街でしょ。友人はほとんどいませんでした。せいぜい一人か二人で、それも原発事故を境に会う時間も減っていったんです。僕が住んでいたのは、賃貸でしたが、3LDKもあって家族が3人で住むには十分すぎるほどの広さがありました。それまでは平日は仕事、週末は娘と遊ぶというのが基本でした。元々、義理の父母は日本全国で公害が問題になっていた時代を知っている人で、特に義母は当時の問題意識をずっと引きずっていて、自分の子供にはなるべく安全な食べ物を食べさせようという方針で子育てをしてきていました。

そのせいか妻は無農薬や有機農法、何かにつけ天然由来の食品を選んで食べていました。主食は玄米か、精米を控えた白米でしたがそんなことは大した問題ではなかったのです。そういう背景もあるので、もとから医療に対しても不信感を持ちやすいタイプでした。「なるべく自然のものが好き」というタイプならば、よく起こることだと思います。僕はそういう考え方ではありませんが、背景はわからなくはありません。義母の時代は実際に子供が口にすることが危険というものがあったからです。義母が子供のことを思って言ってきたことや、考えてきたことを妻はきちんと受け止めていたのだとも思います。

ある時に予防接種について「そこまで懐疑的になる必要はないのではないか」という議論をしたこともあります。義父は退職して、家庭菜園で葉物野菜や根菜を育てていましたが、これも無農薬で育てているということが何よりの自慢でした。娘に喜ばれるものをつくっていることも生き甲斐だったのだと思います。これ自体は、僕からすると何の問題もないことです。本来ならば、だからといって家族がバラバラに暮らさないといけないようなものではありません。人にはいろいろな好みがありますし、食べ物というのはその一つでしかないのです。食べたいものを食べればいいし、納得ができないのならば話し合って妥協点を見つけていけばいい。そんなことはどんな人間関係にもあることです。

そこに極端な亀裂を入れたのは間違いなく原発事故でした。原発事故後のことです。当時、ホメオパシーという代替医療にも熱心だった妻が、避難先から僕に届けてきたのはレメディーと呼んでいる砂糖玉でした。それを飲むと放射能の影響を受けなくてすむという説明でした。かなり高額な商品だったけど、効果なんてあるわけないのです。砂糖をちょっと加工した程度のものですし、あとで調べたらホメオパシー自体も科学的に効果が証明されている医療ではない、ということもわかったのです。

2011年3月11日を境に僕は一人になりました。あの日、僕は東京に出張していたんです。大きな揺れを感じて、これはちょっとすごいことになっているなと思いました。想像を絶するとはまさにこのことです。職場の同僚と、当時はワンセグで携帯電話からテレビを見ることができたので、電池が切れるかもしれないと思いながらずっと見ていました。次々と押し寄せてきた津波、被災地の映像を忘れることはなかなかできません。本当に夢のなかにいるのかなという気分でした。

沿岸部に住む家族や親族は海からだいぶ離れたところに家があったため幸いにして無事で、妻と娘も地震はあったけど無事だという連絡がつきました。ほっと一安心した僕は、交通状況が落ち着いてから帰るという選択をしました。僕は福島県でも沿岸部の出身で、しかも10代のときにチェルノブイリ原発事故があったから原発には少し関心を持っていた時期もあったんです。ここで事故が起きたらどんなことになるだろうと考えたことはありました。それがこんな風に現実のものになるとは……。

僕たちが住んでいた福島市の放射線量は、一時的に上昇しました。なんで沿岸部よりも高い値になっているのだろうと思いましたが、当日の風の流れもあって高くなったんですね。それも僕にとってはあとでわかったことですが、あの時はこの先どうなるかというのが誰にもわからなかった。娘のために避難をすると彼女が決めたのは、ある意味では当然だろうと思いました。周囲の友人には、同じような食の好みや健康志向でつながっていた母親仲間がいました。仲間内では、当初から沖縄に避難したほうがいいんじゃないかと言っている人たちもいて、最終的に本当に沖縄まで避難した人もいたそうです。妻も考えたようなのですが、沖縄はさすがに誰も知り合いがいないし、受け入れるという話もなかった。だからまずは関東地方へと避難したんです。

僕は入れ替わるように福島へと戻りました。そのときに言われたのは、「この避難は一時的なものでまた一緒に暮らす」ということでした。確かに原発事故がどうなるかはわからなかったのと、義父母も一緒に避難するというので僕はやむをえないと思っていました。落ち着いたら、やがて戻ってくるだろうと思ったのです。うん、そうですね。「一時」が「10年」

になるとは誰も思っていなかったのです。2011年の7月に妻は関西への移住を決めました。義父母も同じです。関東でも危ないという判断だったのでしょう。

震災から1~2年の間はたまに妻と娘が福島の家に戻ってくることもあったのですが、「水が危なくて飲めない」「子供は外には出せない」と言って、ずっと関西で買った食材で調理をして、部屋から一歩も外に出ませんでした。私は普通に住めるレベルだと判断していましたが、妻にとっては違う。放射性物質の判断ひとつでここまで考えが違うなら、あきらめるしかないんです。

ある日、家に帰ると朝とはまったく様子が違ってびっくりしたことがあります。本格的に移住を決めた妻は僕が仕事でいない時間に福島の家に荷物を取りに戻って、荷造りをしたのです。鍋やら包丁やら家事に使う道具がすべてきれいになくなっていました。僕に連絡が入ることはなかったです。僕にとっては、見慣れたはずの部屋だったのに、まるで新しい部屋に越してきたような錯覚がありました。

会社が多少配慮してくれて、単身赴任扱いで東京で働くことになりました。会社で顔を合わせる人がいるだけで、朝は7時過ぎに家を出て、帰りは遅いと22時くらい。食事は近所のスーパーやコンビニで惣菜を買うか外食で済ませました。これも一人で食べてばかりでしたね。

あれは震災から2年後の2013年のことでした。友人に誘われて、自主避難から戻ってきた母親たちと福島市で話す機会がありました。福島市内の施設で確か10人くらい集まっていたはずです。彼女たちも避難先から戻ってきたものの、実際の生活にはまだ不安があるという人たちでした。洗濯物を外に干すのが不安、水道水をそのまま飲むのが不安、公園で子供が砂遊びをしていいのか不安、公園の遊具を使って遊んでいいのか不安、福島県産のものを食べてもいいのか不安……。どれも当時よくあった話だと思います。彼女たちは夫や夫の家族から「どうしてそんなに不安になっているんだ」と聞かれたり、周囲に相談しても「大丈夫。安全だ」という話しか聞かされないことでかえって不安を強めていました。どうせ話しても仕方がないし、誰にもわかってもらえないとずっとためこんでいたのです。

実は僕は彼女たちと話すことで、自分の気持ちもどこかでわかってもらえるかもしれないという思いもあったのです。でも、そこで感じたのは彼女たちとの差でした。あぁまったく僕とは違うんだと思ったのです。僕が妻子が避難していると言うと、「なんで今でも自主避難を認めているんですか」と驚いたような質問が飛んできました。そうか、認められるかどうかが問題だと思っているんだ……ということに僕のほうがびっくりしてしまったのです。彼女たちはずっと納得できていないんですね。なんで帰ったのかについて、周囲に合わせたり、同調したりするなかで自分自身は何にも納得できないで住んでいるのです。結局、それでは何も解決しないだろうと思いました。

「いや、妻は僕のペットじゃないんですよ。認めているわけではないですが、認めないぞと言って首に紐をつけて引っ張って連れて来ることなんてできませんよ。大事なのは納得だと思うんです」と僕は話したけれど、どこまで伝わっていたかななんて今でも考えますよ。

*

「石戸さん、僕と初めてあった日のことは覚えてますか？　ツイッターでフォローしていたから僕は石戸さんの仕事も知っていて、イベントにも行ったんですよ」

「いつでしたっけ？　僕がまだ毎日新聞にいた頃でしたよね。だったら竹橋の本社の地下ですか。2015年の？」

「違うんです。実は今日はせっかくお会いするから時系列のメモを作ってきました」

いかにもTらしい律儀さで、スマートフォンのなかに日付と誰に会ったのかというメモがあった。それによると、Tと私が初めて会話を交わしたのは、2015年の3月だ。都内で開かれたある学者のイベントだ。その年の4月に彼の娘は避難先の小学校に進学している。避難先から引っ越して、都内の小学校へ進学するのではなぜいけないのか彼は妻の説得を試みていた。Tにとって苦しい時期に出会っていたはずなのに、私はまったく気が付いていなかった。

3

――震災から3年を過ぎたころ、2014年に僕は福島にいつ帰るのかという話を妻とはじめました。その時に、自分でも説得に根拠が必要だと思ったので福島についていろいろなデータを調べて、科学的な説明ができるようにしようと思ったんです。会社のほうからは2014年いっぱいで単身赴任をそろそろ切り上げて、もう一度東北の職場に戻るという選択も示されたんです。もしかしたら異動もあるかもしれないな、と思って東京にいる最後の記念にいろいろな福島についてのイベントにでようと思いました。

当時、周囲には避難生活に見切りをつけて、福島に戻るという家族もでてきていました。妻からは「福島でも無農薬で野菜作っている人もいるんだよね」とか、「私は住めないと思っているけど、帰る人や住む人のことは否定しないよ」と周囲を気遣うような言葉がでてきたんです。やっと話ができるようになったと思ったときに僕にとっては「事件」と呼ぶしかないことが起きました。

もう多くの人は忘れてしまったと思いますが、2014年に漫画『美味《おい》しんぼ』をめぐる騒動があったんです。主人公たちが福島県を訪れて、福島は危ないのだという話を聞いて、取材をした後に鼻血を出すという描写がかなり問題視されたというやつです。漫画だから、表現の自由があるからという話がありましたがあれは僕たち家族に大きな亀裂を生じさせるものでした。

避難先で妻は友人というか、活動仲間もできていました。関西地方で原発反対を訴えるデモ、自主避難支援を求める活動にも参加していくようになります。支援する人々の中には「本当は東京も人が住めない汚染レベル」だとか「福島の子供たちは避難ができず、かわいそうだ」という考えの人がいました。やっと福島県外でも東北地方のどこかなら住んでもいい、というような話ができるようになった妻もだんだんと考えが変わっていきました。

避難先で彼女のような自主避難者たちを支援する多くの方々は、総じて国や県の説明はあまり信じていません。福島県の食べ物も危険で、検査結果は信頼できず、安全ではないのだと言っていました。彼女たちにとって大きかったのは福島県の関係者や政治家が『美味しんぼ』を批判したということでした。科学的に妥当な描写かどうかよりも、誰に批判されているかが大きな問題なのです。僕は当初、このことをあまりよくわかっていませんでした。

僕は福島県の検査はしっかりしていて、米の全量全袋検査も基準値以下がずっと続いているし、これ以上ないほど安全だという話をした記憶があります。こうしたデータを報じる新聞記事も送りました。福島市の線量も低くなっていて、水だって安全で、洗濯など普段の生活を問題なく送っている人がいるとも言いました。僕は福島県の子供を対象にしている甲状腺がんの検査にしても、医者たちの話を聞いてここまで精密にやっているのかと驚きました。細かく網を張って、問題がないレベルのものまで見つけている。過剰に見つけすぎているという批判すら出ていました。彼女たちは原発事故の放射線のせいだと思っているようでしたが、それは違うのではないかと思っていたのです。

食べ物と子供がかかわる問題では特に説得するような物言いで夫婦喧嘩になることがありました。僕の言い方が国や役所のお役人たちが言っていることと同じ内容だから信頼できない、と言われました。周囲の人のなかには、僕が妻と会って話している内容を聞いて、「あなたの夫は国の役人と同じことを言っている。一緒に暮らす必要はない」とわざわざ忠告する人もいました。

食べ物にも気を使うタイプなので、『美味しんぼ』の騒動で他の人より影響を受けやすい状態にあったと思います。ですが、それ以降妻は「福島は危ない。首都圏はもってのほか。東日本には住めない」という考え方に固まっていきました。僕は結婚したときも結婚する前もずっと食の好みの違いなんて趣味の問題だし、些細なことだと思っていました。通常時はそれでいいんだと思います。でも、原発事故が起きてしまったという通常とは違うときには、趣味の問題は亀裂になるのです。そのときはどう折り合いをつけていけばいいのか正直わからなくなりました。

僕よりも周囲のいうことに耳を傾けるのかと悲しくなりました。数ヵ月口を利かない、避難先の関西地方にも行かないということもあったし、行ったとしても子供にだけ会って帰るということもありました。行くたびに娘は少しずつ成長していきます。避難を始めたばかりのころは本当に小さくてようやく歩けるようになったばかりだった娘が、やがて『パパ』って言ってくれるようになって、次に行くとおしゃべりができるようになって、次はもっと言葉が増えていて会話ができるようになって……。どんどん成長している。その時間を一緒に過ごせなかったことがとても悲しいんです。その姿を見るたびに、「いったい自分は何をやっているのだろう」と悲しみはどんどん増していったのです。小学校進学が一つの節目だと思っていましたが、あきらめました。

当時の妻には福島に住めるようになっているとか、東京も含めて関西からどこかに移動するという話自体、避難後の活動に対する侮辱だと思われたようです。「子供のことがあるから、今は別れないでそのままでいたい」という話もでていましたが、これはもう時間の問題かもしれないな、と思ったものです。

*

そんな中、2015年にTが出会ったのが「すべての選択は一人、一人の考えた結果なのであって、尊重しよう」という言葉だった。絵本作家、松本春野が語った言葉である。松本の祖母は絵本作家のいわさきちひろだ。彼女が手がけた「ふくしまからきた子　そつぎょう」（父の松本猛との共著、岩崎書店、２０１５年）はこんな話だ。東京電力福島第一原発事故後、福島から広島に母と避難することを選んだ主人公の少女「まや」が、自分が通っていた福島の小学校の卒業式に戻ってくる――。

松本も反原発運動に加わっていたし、反戦、平和、ヒューマニズムという言葉で語られてきた祖父母となにかにつけ比較されてきた。私は同世代の松本の作品にちょっとした引っ掛かりを覚え、新聞社時代にインタビューをしたことがある。どちらかといえば、Ｔよりも妻のほうに影響を与えるような言動をしてもおかしくない松本が、なぜこのような作品を描くに至ったのか。

《今から思えば「ふくしまからきた子」（※「ふくしまからきた子　そつぎょう」の前作）というタイトル自体、「福島への差別を助長する」と思われても仕方ないですね。福島は広いし、放射性物質の汚染状況も違う。一律に語れないのに、私の意識の中で「『福島』に住んでいるのは危ない」「避難したくてもできない人ばかりなんだろう」「みんなが避難を選択したほうがいいのではないか」という思いがあった。それがタイトルや作品ににじんでいます。（中略）「見えない放射能」「被ばく」という事実から「広島」と「福島」を象徴的に重ねて描くという手法を採りました。当時はこれが最善だと思っていましたが、今では重ねられることで見えなくなる問題もたくさんあったと思います。》（２０１５年４月７日付毎日新聞オンライン版）

松本は、率直に思いを吐きだしてくれた。理由はおそらく二つある。第一に彼女が今まで聞かれたこともないような質問が飛んできたこと。しかし、それはさほど大きな理由にはならない。大事なのは第二の理由である。彼女自身がそれと意識しなくとも、どこかで語ることを望んでいてタイミング良く目の前に記者がやってきたこと――。

《安斎育郎先生（立命館大名誉教授、放射線防護学。国の原発政策に批判的姿勢をとる）が除染や放射性物質の計測をアドバイスしてきたさくら保育園でも、国が出すデータを最初から信用せずに徹底的に再計測していた。そういう姿をみると、だんだん疑問も湧いてくるわけです。「あれ、なんか違うぞ」って。すごく詳しく計測の仕方を教えてくれるし、データについての解説も細かい。「国にだまされて、安全だと思い込まされているから福島に住んでいる」わけじゃないんですよね。

ある図書館の司書さんは涙を流しながら話してくれました。彼女の家庭にも小さなお子さんがいる。夫と一度は福島市内から避難を検討していた。でも、自分は図書館の鍵を最後に閉めるのが仕事だと。子供たちがいる中、自分から先に避難するわけにはいかない。放射線について勉強し「いまの線量なら避難はしない」と決断したそうです。

この決断を不勉強だと誰が責められるのか、と深く考えてしまいました。

福島に住むと決めた人は無知だから決めたわけじゃない。私たちが考えていたことよりたくさん勉強して、考えていた。当たり前ですよね。そんな当たり前のことすら私の想像力は

及んでいなかったのです。》（同前）

想像力が及んでいなかったのは、彼女だけではない。私も含めて、取材する側の意識も「科学的に正しいこと」か「とにかく被災者に寄り添う」の二極にわかれていった。前者にはしばしば自主的に避難を選んだ人々への想像力、後者には福島での生活を選んだ人々へのそれが欠けていた。その中で、Tのように現実と向き合う人々の存在はどこかで抜け落ちていた。

4

――松本さんの言葉を聞いた時、まさにそうだなと思ったんです。選択を尊重するという姿勢が大事なんだなと気付かされたんです。そこで、僕は妻を説得しようとするのをやめました。どこかで折り合いをつけないといけない、折り合える点を見つけないといけないと思ってきましたが、ちょっと考え方を変えました。説得して、間違えた考えをあらためさせようということはやっぱり難しい。押し付けっぽくなってしまうからです。それよりも僕はちゃんと勉強もするし考えはきちんと伝える。でも、説得してやろうではなく、聞かれたときは答えようと切り替えていったんです。

今から考えてみると、妻のほうにも大きな環境の変化がありました。大きかったのは義母が亡くなったことです。僕には想像しかできませんが、誰よりも理解してくれる存在で心の支えでもあったし、実際にかなり娘の面倒もみてくれていたと思うんです。もう一つは、避難をした人たちと、福島県内に住む方が交流するツアーに参加するようになったことです。県外に住んでいる避難者支援団体に福島県も含めて自治体が補助金を出して、福島までの交通費を負担する形でツアーを組んでいるんです。主催は各団体で、そこに参加すれば交通費も負担しなくてすむし、実際に地元の人々と交流する機会もあります。

彼女にとって大事な出会いもありました。福島県に残って有機農法に取り組んでいる農家さんのお話を聞いたことです。僕も農業や漁業に関わる人たちの話をずっと聞いてきましたが、生産者の中でも妻の価値観に近い人の話を聞いたことが良かったのだと思います。ずっと厳格な検査をしてもND（検出限界以下）の有機野菜が作られているのだと知って喜んでいました。人によっては「なにを今さら」と思うかもしれませんが、誰から話を聞くのかはとても重要なことです。同じことを僕が言っても「国と同じ」かもしれませんが、「有機農法」で作った野菜が好きという価値観を共有できる相手から同じ話を聞くというたったそれだけで変わってきます。

彼女の周囲にいる人々も、その農家の生産しているものなら福島県産でも食べたいという声があったそうです。周囲も変われば、変わってくるんですね。なにより妻は話を聞いて嬉しそうに感想を語ってくれました。僕はこれまで聞いた話をそこに付け加えます。普通の農法で作った米も野菜も、福島ではほとんどすべてＮＤなんだと。気にした方が良いものは限られるよね、といった感じです。そう言うとかつてなら「ＮＤでもゼロではない。検出限界を低くしたら出る。それがＮＤなのは国や福島県の検査は数字を低く抑えたいという意図が働いている」といった批判がでてきたと思います。でも、実際に彼女たちは有機農法のひとたちの検査を目の当たりにしている。だから、そういう言葉はでてこなくなりました。

僕は自分でも言っていました。大事なのは納得ですよと。データで納得できるという人もいれば、信頼できる人が言っているから納得できるという人もいます。ここでようやく会話ができるようになってくるんです。何度も福島に行くようになった妻は通学路で放射性物質がよくたまる「ホットスポット」があるという話も聞いたと言います。でも、以前のように僕の言うことに完全に耳を塞ぐということは無くなってきました。僕はこんなことを言いました。もちろん、線量は低い方がいい。でも、仮にホットスポットがあったとしても、子供たちが24時間そこにいるわけでもない。遊んでいる場所なら、近寄れないようにすればいいだけだよといったような話です。ホットスポットがあると主張する人たちは、往々にしてより高い数値がでそうな場所を好んで計測する傾向があります。それも尊重しますが、現実の人間は生活の中で同じ場所に留まることはありません。すぐに移動します。子供も同じです。

そこで「でも……」と言われることがありますが、そのときは向こうの意見を聞いて話は終わります。ここで議論を続けても、無駄な口論に発展してしまい、積み上げてきたものが無になるからです。

やがて妻は、僕もまだ車でしか通ったことがないような双葉町や「東日本大震災・原子力災害伝承館」にも足を運ぶようになりました。信じられないことです。彼女の周囲には今でも福島第一原発がある双葉町に行くことに対して、強い拒否反応を示す人たちもいます。でも、彼女は実際に自分の目で見ようとしています。津波の被害があった街並みを見た妻から「本当に想像していたより、すごい光景だった」なんて言葉を聞くことになるなんて想像もできませんでした。その頃には、熱心だった代替医療とも離れているし、福島県産の食べ物を食べることについても以前ほどは気にしなくなりました。

2018年だったかな。ようやく福島県産の食材を使ったお雑煮を食べることができたんです。7年近くかかって、辿り着きました。これまで自主避難した人たちの集まりに行っても、一見すると同じような境遇でも僕とは違うなと思う人たちばかりでした。福島から九州に避難したという家族がいましたが、その家族は避難した母子を父親が追いかけているんです。二人の子供がいる夫婦で、父親が一人と福島に、母親がもう一人と関西に住んでいるという人もいました。父親のほうが納得しないまま福島に帰って一緒に暮らしているという人もいます。みんなの事情は同じようでいて、違っています。

＊

論争の中で塗りつぶされる多様性を彼は生きてきた。それは私たちが２０２０〜２０２１年に経験している多くの出来事と重なり合う。リスクを語るとき、そこに絶対的な「安全」は存在しない。新型コロナパンデミックもそのことを突きつける出来事だった。感染症対策を徹底したいのならば、全員が外に出ることなく人との交流や諸外国との行き来を全て制限することが望ましい。だが、それは経済・社会的な「死」と同義だ。絶対の安全がないなかで、私たちは新型コロナウイルスという厄介な存在としばらくの間、向き合っていくことになった。ここで立ち返る地点は日本でも多くの人が経験した「緊急事態」、２０１１年にあった。私も忘れかけていた経験に現実と向き合うヒントがあったのだ。

かつて取材で知り合ったライブハウス関係者に連絡を取ったとき、こんなことを言われた。「あぁ僕はキャバクラもホストクラブも行かないので、そこで感染が広がっていると言われたら、給付金も与えずに閉めろって言いたくなりますよ。そこで思うわけです。社会にとって、ライブハウスってそういう存在だよな。人って自分にとってなくてもいいものに対して厳しいことが言えますもんね。誰かが必要としているのに」

敵を見つけ、名指しし、排除も差別も肯定する社会を目指すのか。専門知と現場で積み上がった知を組み合わせて、共通の目標としてリスクの低減に向けて動きだすのか。前者は、多くの人々の「けしからん」という感情を満たすかもしれない。だが、それだけだ。科学的なエビデンスは何よりも大切だが、それだけでは人間の納得は得られない。

5

――よく聞かれるのは「なんで別れないの?」。よく言われるのは「そこまで我慢してすごいね」「諦めなかったんですね」です。それはねっていつも返しています。もし2014年みたいに話もできない、聞けないという状態がずっと続いたら僕だって無理でした。でも、時間が経てば変わってくることもあります。

これが同居の最後のチャンスかもと思っていた娘の中学進学のタイミングで初めて首都圏での暮らしが始まります。2020年の年末に関西か首都圏かの二択になり、年明けに首都圏に行くということが決まりました。学校の選択や今後のことも考えて東京近郊にいたほうが何かといいという結論に妻もなったようです。どちらになってもいいように、と自分に言い聞かせてきました。期待して、やっぱり関西に残るという話になってもそれはそれで受け入れようと思ったからです。

10年経って、東京すら危ないという考えは消えています。今では「娘のことを考えたら小学校のタイミングで戻っても良かったのかな」とこぼすときもあります。僕も後悔がないわけではありません。もしあの時、同じように話ができれば、違った結果になっていたかもしれないと思うのです。

そればかりは考えても仕方ないことですけど。もちろん今でも考えが違うことはあります。妻は子供にテレビも観せていないし、映画館にも連れて行っていない。お菓子もジュースも限られたものしか食べさせていません。でも、子供は子供のネットワークで、サブカルチャーに触れていきます。この前、娘と二人で過ごす時間があったので、週末に映画館に連れて行ったんです。「何が観たい？」と聞いたら「『鬼滅の刃』がいい」って言うんです。もちろん、家では観ていないから友達に聞いて、YouTubeで出てくる動画を見つけたり、インターネットで調べたりしているそうです。

「何が食べたい？」と聞いて、アイスが食べたいとか、ジュースが飲みたいと言えば「いいよ。でもママには内緒ね」って言うようにしています。今まで父親らしいことがあまりできていなかったし、母親とはできないことを一緒にやるのも父親っぽくていいかなと思うんです。娘は福島で育ったのは2歳までで、ずっと関西で過ごしています。だから、普段使っていた言葉は関西の言葉になっているはずです。でも、僕に気を遣ってか会いに行ったときはいつも標準語で話していました。僕といる時はどこか日常とは違うんだという意識を持っていたのかな。関西弁で話す娘を見てみたかったという思いもあるし、それを見られないのは悲しくはあるけど、でも、いまはこれからのことを考えていきたいです。

他にも妻と考えの違いはありますよ。新型コロナ対策で僕はワクチンを接種しました。でも彼女は打ってほしくないといって、ワクチンの「悪影響」を盛んに喧伝するような動画を何本も送ってきました。僕は彼女をすぐに説得するようなことはしませんでした。説得しようとしたところで、人の考えや行動を変えることは簡単にはできないからです。急に変化が起きるなんてことはありません。そこで、僕が言ったのは「あなたがそう考えていることはよくわかったけど、僕には僕の考えがあって打つと決めた。あなたにも打たない自由があるし、僕には打つ権利がある。僕の権利は邪魔しないでほしい」ということでした。お互いの考えを尊重してくれとただそれだけ伝えたのです。その日から妻はワクチンについて何も言わなくなりました。

娘がワクチンを打つかどうかについても同じです。感染症対策が進めば、たとえば将来的に留学を希望してもワクチン接種が条件に入ってくるかもしれません。身体の状態からみて打てないという人はともかく、思想信条でワクチンを打たないという理由は認められず、希望する留学ができないというケースだって考えられます。子供のためにワクチンを打たせないという選択が、子供の教育機会を奪うことになりかねない。それについてはどう考えるの、と聞くと「うーん……」とだけ言いました。反論が返ってこないというのは、彼女なりに意固地にならずに考えているということです。こうやって、人は少しずつ変わってきます。僕はそれでいいと思っているんです。お互いに考えをぶつけあって、議論して説得するのではなくて、僕には僕の考えがあるよと伝えて、可能な限り尊重していく。それならばうまくできるでしょう。

これからも考えがあわないなんてことはたくさんあると思うんです。むしろ、出てこない方がおかしいのかもしれない。乗り越えていけるかはわかりません。でも、今は良かったなと思っていますよ。良かったんですよ、これで……。

＊

Tが選んだ道はこう言えるかもしれない。争いの種を取り除き、論争をやめて仲直りするという意味での和解でもなければ、壊れたものを元の形に戻すという意味での修復でもない、「結び直す」としか呼べない道であると。彼は家族との間でコミュニケーションを取り続けることを選び、迂遠だが確実に一歩一歩、前に進めていくやり方を選んだ。

あるジャーナリストから聞いたエピソードを思い出した。彼女が、著名な国際法学者のもとを訪ねたときのことだ。日本と韓国との間で、歴史認識で問題が繰り返されているという話題になった。法学者はひとしきり、日韓双方の問題について見解を述べた後、穏やかな口調でこう付け加えたという。

「法的な和解というのは、双方にちょっと不満が残るのが一番いい形なんです」

彼女がどういうことなのか納得いかなそうな表情を浮かべたのを学者は見逃さなかった。

「つまりね、片方が100%満足するでしょう。そうすると、もう片方にしか不満は残らなくなる。そうすると恨みしか残らずに問題は蒸し返されるわけです。でも、双方にちょっとずつ不満があれば、ある意味では平等です。向こうも折れたし、こっちも折れようという話になるのです」

それはまさに意図せずに彼がとった道だった。双方に不満が残っているかもしれないが、それでも前に向かって一歩を踏み出す。互いの正論をぶつけ合ったまま問題を温存させるのではなく、時間をかけてもいいから解決への道を探る。インターネットは速度のメディアだ。瞬間的な応酬の中で、言葉はすぐに蒸発していく。気化した言葉は、すぐに次の言葉に流されて消えてしまう。不満は簡単には消えないが、未来をつくるベースになる。ひとつの人間関係のなかに、社会が投射されるとするならば、彼の10年には確かに光があった。

＊

2011年に想像していた2021年はやってこなかった。誰もが、復興を夢みたが、誰もが満足する復興はなく、分断は起きて、やがて無関心がやってきた。復興を掲げたはずの東京オリンピックは、新しい緊急事態――それも東京では4度目の緊急事態宣言――の中で、開会期間中の競技だけが注目されて終わった。祭典が終われば、第5波と呼ばれた新型コロナウイルス「デルタ株」の流行が注目された。

新型コロナの流行下で迎えた震災10年は、2011年の反復のように多くの人が支持する、あるいは好きな専門家の意見を聞き、小さな対立がたくさん起きている。起きたことは科学的に解明でき、不当な差別に対して反論する根拠は積み上がっている。しかし、社会に向けて、起きたことを発信するには時間もかかる上に、話を聞くための準備もいる。一番楽なのは、誰もが納得できる安易なゴールを決めて、不確実性をあらかじめ削ぎ落としておくことだ。

それは違うと思うのならば、別の何かを提示するしかない。ここに登場した人々は「緊急事態」と向き合う中で、一つの道筋を見つけていった。原発事故でも、震災経験でも開かれた場があり、誰もが思ったことを言えることが大事なのだと思う。その人の考えを否定も肯定もせずに、まずは話を聞きにいく。ひとしきり語ってもらった上で、考えに至った経路を見つけていく。経路をたどれば、考えは違っていても、なぜそう考えるに至ったかは多くの場合理解できるものだ。人間は誰しもお互いに違う。だからこそ、違いを見出すことはたやすくできる。あなたと私は違うというのは、いまや敵を見つける口実にしかならない。

これは歴史認識問題にも共通して言えることだが、論争が起きてしまう問題は、ファクトの不足から起きるのではなく、むしろファクトの過剰から起きる。過去の歴史について、人もファクトを積み重ねれば重ねるほどに、新たな違いや問題が「発見」されていき、対立は深まっていく。ファクトは新たな対立と分断の火種を作ることはあるが、解決への糸口にはならない。

私が現場で聞いた声は、いつだって不確実で、いつだって揺れていた。私は誰一人として、同じような話を聞かなかったし、同じ考えの人には出会わなかった。私が出会ったのは、自分とは全く違うが、どこかで自分と共通項が見つけられる人たちだった。違いをいったん横に置いて、なんであれ共通項を見出したとき、人間の理解はさらに深まっていく。共通することを見出すことは、敵を見つけ、倒すカタルシスに比べれば、はるかに面倒くささが伴う作業だ。私が理解したいと思っていても、相手のことは簡単にはわからない。

面倒で迂遠で、地道な取り組みが、未来を切り開く上では重要になることがある。面倒さを厭わない胆力を——。2021年はまだその取り組みの始まりにすぎない。

あとがき

危機は、人間をあらわにする。現実を直視するのか、過剰なまでに使命感に生きるのか、あるいは過度に楽観的に振る舞うのか。２０２０年から始まった新型コロナ禍で私はうろたえていた。いくつか決まっていた仕事が感染の広がりとともにキャンセルとなった。私は独立したばかりのライターであり、この本の中にも書いたように、いつもなら気軽に出ることができる取材も中断することが多くなった。本来なら会いにいくべきところであっても、「もし、自分が感染していたら……」という思いが先に立った。30代の私は仮に感染しても重症化するリスクは低いかもしれない。だが、年長者においてはその限りではない。緊急事態下で取材という行為そのものを躊躇してしまうと同時に、未来に不安を抱えた自分に気がついたのだ。

仕事への影響がいつでてもおかしくないどころか、次に無くなるのは自分の仕事ではないかと感じることが多くなった。そんな時間を過ごすなかで、数少ない救いになったのが本書の仕事だった。本書で何度か言葉は揺らぐ、と書いたが、その揺らぎを感知できるか否かは、取材する書き手自身が自分の揺らぎを認識できるかどうかにかかっていると思う。私はうろたえる時間のなかで、彼らに再び接近することになった。
日本社会で、今を生きる人々が経験してきた直近の「緊急事態」は東日本大震災、そして福島第一原発事故だ。その後の世界を生きていた人々の姿を描くことは、私にとって緊急事態を生きていくとはどのようなことなのかを問い直す時間になっていた。取材先のなかには私が長く記者生活を送った毎日新聞、そしてBuzzFeed Japanに所属しているときに知り合った人も多い。そこから再度取材を始めたり、当時のノートから再び言葉を拾い出したりすることになった。電話越しあるいは画面越しではあっても、久しぶりに声を聞いてほっとすると同時に彼らの心根の変わらなさに救われたような気がした。

本書は「群像」編集長の戸井武史さんの発案で始まった。『リスクと生きる、死者と生きる』という本でも主題にした震災、原発事故から10年という時間をテーマにしたノンフィクションをお願いできないかという依頼があった。引き受けるまでに、やはり葛藤はあった。私は現地に住んでいるわけでもなく、生活の拠点は東京にある。そして特にルーツがあるわけでもない。このテーマなら私よりふさわしい書き手はいるように思えたからだ。それでも引き受けたのは、私にとって漠然とだが描いてみたいことがあったということに尽きる。それも新型コロナ禍もあり、大きく変化してしまったのだが。

最終的に私が描いたのは、危機であってもどこかで「自分もこう生きたい」と思った人々の物語なのかもしれない。放射性物質だけでなく、新型コロナワクチン接種でも価値観の違いにぶつかりながらそれでも常に結び直してきた家族、安心して過ごせる場所を奪われながらも自分を保ち続けようとする青年、誰一人子供たちを亡くすことなく守り切りながら思い悩むことになった保育所長――。大きな危機の後であっても、残った人々は明日を生きていく。取材に応じてくれた方々がいたことで、本書は完成した。登場する人々に大きな感謝をしたい。

オーソドックスな紀行文は行って、見て、聞いたことを中心に書く。私は今回、そこに「考える」「振り返る」という要素を多く加えた。行くこと、見ること以上に会話をすることがリスクになった時代にあっても、あの時を振り返り、その場で考えることは多くの人にとって可能なことだからだ。

２０２１年は私にとって「取材をして、書く」という仕事を始めてから15年という節目の年でもある。ここでも振り返れば、私は学生時代に「現場主義」という言葉が嫌いだとレポートに書いたことがある。記者は現場に行けばすべてわかるという意味で「現場主義」という言葉を使う人が多いが、それはあまりにも短絡的で、行かなくてもわかることはあるという趣旨だった。なるほど、浅い部分では当たっている。

確かに現場に行けばすべてがわかるわけではない。むしろ行ってもわからなさばかりが残る。しかし、もう少しだけ考えてみたい。取材はわかるためだけにするものなのだろうか。私が15年たっても、惹きつけられるように取材のために歩く生活を続けているのは、本書でも書いたように人は揺らぎ、どこか常にわからなさが残るからだ。私は歩きながら、わからない部分ばかりを考えていたように思う。現場はわからなさに満ちている。私はきっとまだまだ歩くことをやめないだろう。

本書は雑誌では北村文乃さん、書籍では堀沢加奈さんという2人の編集者のサポートがあった。北村さんからは最初の読者として的確なコメントをくれた。堀沢さんは自身も2011年の出来事に大きな衝撃を受けた一人だと言い、丁寧な書き込みとアドバイスで支えてくれた。執筆の機会を与えてくれた戸井さんも含めた3人の編集者に感謝したい。

なお本書は匿名を条件で取材に応じていただいた方については匿名とし、文献や資料は原則として本文内に明記した。事実確認には細心の注意を払ったが、異なる点があるとすればすべて筆者の責任であることを明記しておく。

2021年9月

石戸 諭

初出
「群像」不定期連載「２０１１―２０２１　視えない線の上で」
（２０２０年３月・４月・７月・10月・11月号、
２０２１年１月・３月・４月・９月号）。
書籍化にあたり、改題、加筆修正しました。
肩書は原則、取材当時のままとしました。

石戸　諭（いしど・さとる）
１９８４年、東京都生まれ。ノンフィクションライター。立命館大学法学部卒業。２００６年、毎日新聞社に入社。２０１６年、BuzzFeed Japanに移籍。２０１８年、独立してフリーランスのライターに。２０２０年、「ニューズウィーク日本版」の特集「百田尚樹現象」で第26回編集者が選ぶ雑誌ジャーナリズム賞作品賞、２０２１年、「文藝春秋」掲載のレポート「「自粛警察」の正体」でＰＥＰジャーナリズム大賞を受賞。週刊誌から文芸誌、インターネットまで多彩なメディアへの寄稿に加え、テレビ出演など幅広く活躍中。著書に、『リスクと生きる、死者と生きる』（亜紀書房）、『ルポ　百田尚樹現象　愛国ポピュリズムの現在地』（小学館）、『ニュースの未来』（光文社新書）、『東京ルポルタージュ』（毎日新聞出版）。

ブックデザイン　坂野公一（welle design）

視《み》えない線《せん》を歩《ある》く

二〇二一年一一月一二日　第一刷発行

著者――石戸《いしど》　諭《さとる》

発行者――鈴木章一

発行所――株式会社講談社

東京都文京区音羽二―一二―二一

郵便番号　一一二―八〇〇一

電話　出版　〇三―五三九五―三五〇四

販売　〇三―五三九五―五八一七

業務　〇三―五三九五―三六一五

印刷所――凸版印刷株式会社

製本所――株式会社国宝社

ISBN978-4-06-525288-8

KODANSHA